清咸同年间湖湘理学群体研究

张晨怡 著

中央民族大学出版社

图书在版编目(CIP)数据

清咸同年间湖湘理学群体研究/张晨怡著. —北京:中央民族大学出版社,2007.6

ISBN 978-7-81108-357-6

Ⅰ.清… Ⅱ.张… Ⅲ.理学—群体—研究—中国—清后期 Ⅳ.B249.05

中国版本图书馆 CIP 数据核字(2007)第 059856 号

清咸同年间湖湘理学群体研究

作　　者	张晨怡
责任编辑	黄修义
封面设计	赵秀琴
出 版 者	中央民族大学出版社
	北京市海淀区中关村南大街27号　邮编　100081
	电话:68472815(发行部)　传真:68932751(发行部)
	68932218(总编室)　　　68932447(办公室)
发 行 者	全国各地新华书店
印 刷 者	北京华正印刷有限公司
开　　本	880 毫米×1230 毫米　1/32　印张:6.5
字　　数	160 千字
版　　次	2007 年 6 月第 1 版　2007 年 6 月第 1 次印刷
书　　号	ISBN 978-7-81108-357-6
定　　价	14.00 元

版权所有　翻印必究

中央民族大学"十五""211 工程"学术出版物编审委员会

主 任 委 员：陈　理
副主任委员：郭卫平
委　　　员：王锺翰　施正一　牟钟鉴　戴庆厦　杨圣敏
　　　　　　文日焕　刘永佶　李魁正　朱雄全　宋才发
　　　　　　冯金朝　邓小飞

目 录

绪 论 …………………………………………………………（1）
第一章　区域文化传统与资源 …………………………（13）
　第一节　晚清湖湘理学群体的区域文化传统 …………（14）
　第二节　区域文化传统如何转化为资源 ………………（26）
第二章　湖湘理学士人的集结 …………………………（44）
　第一节　晚清湖湘理学群体的最初形成 ………………（46）
　　一、曾国藩与二仙的结识 ……………………………（47）
　　二、曾、左、胡的早年交往 …………………………（60）
　　三、第一次重大的政治行动 …………………………（69）
　　四、湖湘理学士人的最初集结 ………………………（75）
　第二节　一个典型案例：以罗泽南为中心的子群体 …（79）
　　一、罗泽南与同辈湖湘理学士人 ……………………（79）
　　二、罗泽南与罗门弟子 ………………………………（87）
第三章　湖湘理学群体的学术特色 ……………………（96）
　第一节　学术论辨与调和：湖湘理学群体守道的两种方式
　　………………………………………………………（96）
　第二节　义理经世：湖湘理学群体救时的主要途径 …（109）
第四章　湖湘理学群体的社会实践 ……………………（119）
　第一节　湘军网络的形成与维系 ………………………（119）
　第二节　重建社会秩序的理想与实践 …………………（143）
第五章　秩序重建的成功与失败 ………………………（165）

2 目录

第一节　"同治天下"——理想与权力的互动 ……… （165）
第二节　文化政治视野下的晚清湖湘理学群体 ……… （177）
参考文献 …………………………………………………… （188）
后　记 …………………………………………………… （197）

绪　论

　　本书以晚清湖湘理学群体为研究对象。具体而言，主要研究清咸同（1851—1874）年间的湖湘理学群体，对嘉道（1796—1850）、光绪（1875—1908）时期的湖湘理学群体并不予以详细考察。这主要是考虑到，晚清湖湘理学群体起于嘉道，盛于咸同，到光绪年间已经衰颓。而且，在中国近代历史上，咸同年间也是一段非常重要的时期。在此期间，太平天国运动与第二次鸦片战争的交织，内忧与外患的叠合，中央与地方同治天下局面的形成，旨在"求强"、"求富"的自强运动的发轫，凡此种种，都绕不开湖湘理学群体。可以说，"同治中兴"离不开理学复兴，理学复兴离不开这一时期湖湘理学群体的努力。因此，清咸同年间的湖湘理学群体更具有研究上的典型意义与价值。

　　程朱理学作为元明以来的官方哲学，在清代已经呈现出种种衰落迹象。清初，在康熙帝的大力提倡下，程朱理学也仍然居于学界的统治地位。然而，自乾嘉汉学兴起之后，清代学风发生转变。许多士人往往只是为了通过科举考试才诵读程朱的著述，一旦考中，就将它们束之高阁，转而研习汉学诗赋，以博取在学界的声名。程朱理学受到多数士人的厌弃，被长期冷落。直至道咸以后，清王朝鉴于政治上和学术上出现的双重危机形势，把挽回危机的希望寄托于程朱理学的重振，各地的理学士人也逐渐活跃起来，纷纷举起振兴程朱理学的旗帜，终于在同治年间酿成了一个短暂的理学复兴局面。

1862年（清同治元年），曾任顺天府尹的蒋琦龄上"中兴十二策"，力倡崇理学以兴教化。他认为乾嘉汉学是"世教衰微，人才匮乏"的罪魁祸首，所以"欲正人心，厚风俗，以开太平，非崇正学以兴教化不能也。"因此极力主张效仿康熙帝"退孔郑而进程朱，贱考据而崇理学"①。蒋氏的上疏得到了清廷的肯定，并随即颁谕天下：

> 各直省学政等躬司牖迪，凡校阅试艺，固宜恪遵功令，悉以程朱讲义为宗，尤应将《性理》诸书，随时阐扬，使躬列胶庠者，咸知探濂洛关闽之渊源，以格致诚正为本务，身体力行，务求实践，不徒以空语灵明，流为伪学。②

与此相适应，清王朝先后提拔了一批以理学相标榜的大臣担任要职。为清王朝撑起半壁江山，但在咸丰朝始终不获实权，仅署理两江总督的曾国藩除了被实授两江总督外，还被任命为钦差大臣，统辖苏、皖、赣、浙四省军务，四省巡抚、提督以下官员均受节制。终咸丰朝一直未获大用的倭仁也在同治改元后时来运转，先是擢工部尚书，随后又被派充同治幼帝的师傅，掌管翰林院，授协办大学士，接着又管理户部，授文渊阁大学士，一跃而成为清王朝的最高理论权威。吴廷栋被授予大理寺卿、刑部侍郎等职。李棠阶也被任命为左都御史，入军机处，参与机要。经过这一番人事变动，清廷中理学大臣的地位得到了显著的提升。在他们的积极倡导和有力推动下，理学在同治朝终获复兴。概括地说，他们为了推动理学复兴所作的努力主要可以概括为以下几个

---

① 蒋琦龄：《中兴十二策疏》，见王云五编：《道咸同光四朝奏议》第四册，台北：台湾商务印书馆，第1433页。

② 《清穆宗实录》卷二十二，同治元年三月，北京：中华书局，1986年，第609页。

方面：

第一，正君心。

正君心也就是要求君主按照正学的要求修身养性，时刻保持戒慎恐惧之心。在理学士人看来，这是为政的根本宗旨。因此，倭仁出任同治帝师后立即将他以前辑录的古帝王事迹及古今臣工奏议《帝王盛轨》与《辅弼嘉谟》进呈给朝廷，作为"启沃圣心"的教材。对此，清廷嘉许，立即颁发上谕，表彰该书"洵足资启沃而绍心源，著赐名《启心金鉴》，并将此书陈设弘德殿，以资讲肄。"[①]

李棠阶被起用后也上《条陈时政之要疏》，提出振兴王朝最重要的就在于"端出治之本"，他认为"夫出治在君，而所以出治者在人君之一心。今海内沸腾，生民涂炭，诚刻苦奋励之时也。臣谓刻苦奋励之实，不徒在于用人行政，而在于治心；治心之要，不徒在于言语动作，而尤在于克己。"[②] 强调用程朱理学的格物诚正之说，培养圣心君德，以振纪纲。

吴廷栋也同样重视正君心的问题。1864年（清同治三年）湘军攻陷太平天国的都城天京后，朝野上下人人兴奋不已，只有吴廷栋本着居安思危的态度，上了一道《金陵克复请加敬惧疏》。吴廷栋认为："从古功成志遂，人主喜心一生，而骄心已伏"，其结果必然"受蛊惑，塞聪明，恶忠说，远老成"。因此帝王应该时刻保持敬惧之心。此疏上达后，也得到清廷的赞许："兹览吴廷栋奏于万方之治乱，百官之敬肆，皆推本于君心之喜惧，剀切敷陈，深得杜渐防微之意。"[③] 并将此疏存于弘德殿以备省览。值得一提的是，吴廷栋的奏疏不仅受到统治者的嘉奖，

---

① 《清穆宗实录》卷十九，同治元年二月，北京：中华书局，1986年，第515页。
② 李棠阶：《条陈时政之要疏》，《李文清公遗书》卷一，清光绪八年（1882）河北道署刊本，第1页。
③ 《十朝圣训·穆宗毅皇帝圣训》卷二，"圣德"，清光绪年间石印本，第1页。

在未仕的士人阶层也颇为流行,"一时传抄疏稿,几于纸贵。"①

上述理学大臣所提出的正君心以端国本的建议,不过是理学家的老生常谈。在咸丰朝他们也多次以此进谏,但往往被视作迂腐。而在同治朝由于恰好适应了此时期清廷加强思想统制的需要,因而得到清廷的支持,程朱理学也因此借助政治势力得到了更大的发展。

第二,正学术。

所谓正学术,即是指以程朱理学为天下唯一的正学,对此要大力提倡,而一切不符合程朱理学的学说包括汉学、陆王心学等都要加以批判。李棠阶在《军机说帖》中就明确提出了这一主张。他认为:天下败坏由于士习不端,士习不端由于学术不正,"故为治必先得人,欲得人必先造士,欲造士必先正学术。"②

因此,这些理学士人都极力鼓吹程朱理学。吴廷栋就到处宣扬程朱理学,他说:"程朱以明德为体,新民为用,乃由体达用之学。"③倭仁也以提倡程朱理学为职志,他声称:"程朱论格致之义,至精且备,学者不患无蹊径可寻,何必另立新说滋后人之惑耶!"④

在提倡"正学"的同时,他们还竭力反对所谓的"俗学"和"异学"。所谓"俗学",在理学士人那里指的是考据之学和词章之学,而"异学"就是王阳明心学、释老之学及一切不符合程朱理学的学说。其中,他们最反对的就是王阳明心学。为了辨明道统,倭仁和吴廷栋整理校刊了河南儒生刘廷诏的《理学宗传辨正》。《理学宗传辨正》为纠正清初理学家孙奇逢的《理

---

① 方濬师:《蕉轩随录续录》,北京:中华书局,1995年,第75页。
② 李棠阶:《军机说帖》,《李文清公遗书》卷二,第26—27页。
③ 吴廷栋:《召见恭记》,《拙修集》卷一,清同治十年(1871)六安求我斋刊本,第4页。
④ 倭仁:《答窦兰泉》,《倭文端公遗书》卷八,清光绪元年(1875)六安求我斋刊本,第18页。

学宗传》而作。在《理学宗传》中，孙奇逢建立了一个自周子以下平列程、朱、陆、王11子为"正宗"的儒学道统体系，他甚至说："接周子之统者非姚江其谁与归？"[①] 这当然是程朱理学之士所不能接受的。于是道咸之际刘廷诏特别著《理学宗传辨正》与之辩驳。《理学宗传辨正》把孔孟及宋五子列为"圣学"的代表和传人，而把陆王之学视为"异端"，从"圣学"系统中予以排除。因此得到倭仁的赞许，称该书"统绪分明，厘然不紊，可谓趋向端而取舍审矣"[②]，并嘱托吴廷栋加以校订，此书才得以在同治年间问世。

对于雄霸清代学坛百年之久的考据学，部分理学士人也颇有微词。如方宗诚就指责汉学家"每逞偏见一得，别立宗旨，或尊古本，或改朱注，或专重致知，或专主诚意……皆务新奇而诋程朱"，终于导致了社会的动乱。因此，只有以"正学"反对"邪说"，才能永保太平。

总的说来，在这些理学士人眼中，要正学术就必须"明正学"和"辟邪说"。其中，最重要的是"明正学"。"明正学"与"辟邪说"虽然都是为了正学术，但"明正学"却是"辟邪说"的根本，正如方宗诚所指出的："果自上至下，能确守《大学》之道，程朱之教，身体力行，期于明体而达用焉，仕则施诸士，舍则垂诸书。正学一明，邪说未有不渐弥者也；正道既尊，邪教未有不渐息者也。盖在我者先有拨乱反治之具，而后可成除暴救民之功，不然终肤末耳。"[③]

---

① 孙奇逢：《理学宗传·叙》，清光绪六年（1880）浙江书局刻本。
② 倭仁：《校订理学宗传辨正叙》，见刘廷诏《理学宗传辨正》，清同治十一年（1872）六安求我斋刊本。
③ 方宗诚：《大学臆说序》，见苏源生《大学臆说》，清咸丰十一年（1861）明德堂藏版，第1—2页。

第三,正教育。

作为科举功令,程朱理学在教育领域本就颇具影响。在同治朝,这些理学大臣又进一步加强了对教育的控制和渗透。同治皇帝冲龄即位,帝师的选择是一个重要问题,它表明了最高统治者对学术的态度,也在很大程度上影响着学术的未来走向。对于此事,这些理学士大夫极为关注,并上下奔走,努力把这一要职抢到手。为此,吴廷栋特致信曾国藩,请他力保倭仁。信中称:"现在根本之计,孰有师傅所关之重,新政首务亦孰有急于此者?今幸见及,自宜以此专责之艮峰矣。再三迟回,正不得不虑及日久变生,致生他议。某位卑分微,无能为役。窃念能同此心者,唯阁下一人而已。即今想已得尽读邸报,时势亦已了然于胸中,乞特上一疏,专保艮峰以固根本,万不可放过此关。"① 最后,清廷经过反复权衡,相继任命倭仁、翁心存、祁寯藻、李鸿藻等担任同治帝师,其中倭仁、李鸿藻都是当时知名的理学家。这给理学家参与朝政,推广程朱理学提供了有利的机会。

倭仁等理学家担任帝师后,都用程朱理学辅导幼主修身之方、治国之道。如倭仁奏称:"致治之理,莫备于经。若取《四书》、《五经》中切要之言,俾讲官衍为讲义,敷陈推阐,与史鉴互相发明,则裨益圣德,尤非浅鲜。"② 在以程朱理学教育皇帝的同时,担任翰林院掌院学士的倭仁也以此教育翰林院学士。他在《翰林院条规》中,把《四书》、《朱子语类》,《朱子大全》等理学读本,定为翰林院学士的必修读物,明确表明尊崇理学的原则。李棠阶也强调对翰林院学士加强理学教育,他说:"窃谓宜令教习庶吉士,课以实学,由身心以达于时务,即《大学》格致诚正修齐治平之正轨也。以此为本,治经、治吏、治

---

① 吴廷栋:《拙修集》卷九,第18页。
② 倭仁:《请进日讲疏》,《倭文端公遗书》卷二,第8页。

事及濂洛关闽诸儒等书，次第参求，皆归于反已。"①

与此同时，地方各类教育机构也纷纷仿效，增加理学教育的内容，京师同文馆、上海广方言馆等新式学堂也不例外。如上海广方言馆课程十条中就规定："四子为读经之阶梯，《小学近思录》又为读四子之阶梯。拟于课文之前一日，讲解《养正遗规》、《朱子小学》诸书，若有进境，则授以《近思录》及《朱子全书》、《性理精义》各篇，诸生听讲时壹志凝神，退而精心体认，笃实践履，庶于言行之际，敬肆之分，皆有所持循焉。"②可以说，程朱理学在各类教育中得到了强化。

在科举考试中，对程朱理学的尊崇也得到了强化。同治六年（1867），福建道监察御史、倭仁的弟子游百川上奏，称士子求名太急，于《四书》、《五经》未能成诵，导致学无根底，"今欲改此锢习，莫若杜人侥幸之心，而引之专意读经"，"请旨饬下督学使臣，遍行晓谕，生童中如有能默诵五经，通晓经义者，准其赴该学报名注册，即于考古场中按名面试，试以数条，其能否成诵讲解，无难立辨。可取录者，即正场文字未甚优长，亦拔以示鼓励。其未经报考，止就正场文字取录者，亦于发落时，令其认习某经，各注名下，俟下届按册试之，勤奋者立予奖励，玩愒者加之创惩。"③清廷对此项建议予以允准，通谕各直省照办。通过以下疆臣的奏折，我们可以看出清廷此项举措得到了实施。同治七年（1868），奉天府府丞兼学政任兆坚奏称，谨遵谕旨，晓谕生童，令能默诵五经，通晓经义者报名考试，结果八名中有一名文理通顺，拔入正取，作为生员，其余几名文理稍逊，列入

---

① 李棠阶：《军机说帖》，《李文清公遗书》卷二，第26—27页。
② 《同治九年三月初三日总办机器制造局冯、郑上督抚宪禀》，见朱有瓛编《中国近代学制史料》第一辑上册，上海：华东师范大学出版社，1983年，第222页。
③ 游百川：《请崇尚经术疏》，见饶玉成《皇朝经世文续编》卷五十七，清光绪壬午（1882）江右双峰书屋刊本，第37页。

备取，作为佾生，"仍谕生童等熟习经书以应下届考试。"① 同治八年（1869），湖北学政张之洞在郧阳科试中，即按此谕，令考生事先报名认习一经，考试时把自己熟悉的经文默写出来。但他认为经文受格式所限，建议文童复试，将经文改作经解。②

综上所述，以曾国藩、倭仁、李棠阶、吴廷栋等为代表的理学大臣，在同治年间被委以重任，担任了从中央到地方的许多军政要职，为镇压太平天国、恢复封建文教提出了一系列的政策措施。他们的活动，不仅扩大了程朱理学的影响，而且加强了清政府在政治、军事、文化上的力量，为"同治中兴"的出现创造了重要的条件，而其中作用最为突出的就是以曾国藩为代表的湖湘理学群体。

目前，地域文化研究已经蔚然成一显学。不过，本书以"清咸同年间湖湘理学群体研究"为题，却并非简单追逐学术热点的结果。在撰写博士学位论文《罗泽南理学思想研究》的过程中，笔者发现罗泽南并非一个孤立的个案。曾国藩、左宗棠、胡林翼、罗泽南、刘蓉、郭嵩焘等人，实际上是作为一个群体发挥作用的。重建社会政治秩序，实践平生所信仰的理学基本价值，不是他们某一个人的个人理念，而是他们的群体立场。那么，这一群体是如何形成的？于此扩展开来，显然有一系列问题有待进一步探究。

在我们通常的理解中，理学家主要致力于"内圣之学"，对实际政治似乎抱着一种可即可离的态度。一个完全相反的例证就是，清咸同年间的湖湘理学群体不但是文化主体，而且也是一定程度上的政治主体。他们在思想上虽然难以称得上推陈出新，但

---

① 中国第一历史档案馆藏：《军机处录副奏折·文教类》，奉天府府丞兼学政任兆坚同治七年六月初四日片奏，同治朝，第5005卷，第55号。

② 中国第一历史档案馆藏：《军机处录副奏折·文教类》，湖北学政张之洞同治八年二月十二日片奏，同治朝，第5003卷，第4号。

是他们在政治上却形成了一股举足轻重的力量,并且涌现出了许多对中国近代化进程有着重要影响的著名人物。通过政治实践,他们在政治、军事、文化、社会等各个方面都产生了不容低估的影响。正如钱基博所评价的:"人限于湖南,而纵横九万里之纷纭,导演于若而人之手。其人为天下士,为事亦天下事。"① 因此,我们对晚清湖湘理学群体的研究就绝不能局限在传统的理学谱系之内,仅仅做内在的梳理。湖湘理学群体之所以能够发展出这种以重建社会政治秩序为己任的心态,究竟有哪些深层的文化心理背景?他们的思维方式和行动风格有何特色?在他们身上,学术、地域、权力三者之间的重叠交织关系又是如何体现的?他们与权力世界之间究竟是什么样的关系?他们的理想与观念落在现实世界以后究竟产生了哪些正面或负面的效应?这些都是我们所要探讨的问题。

长期以来,以源于西方的"哲学"观念为取舍标准,理学家与社会现实之间的互动关系很难进入哲学史家的视野。由于晚清理学在形上思维的部分未能做出特别的创新,更是被长期忽视。清咸同年间的湖湘理学群体虽然因为在政治、军事、文化、社会等各个方面影响巨大而引起学界的重视,但是多从湘军集团的角度切入,从而使对他们的研究成为政治史、军事史方面的命题,而这样的研究对于理学观念与政治实践之间关系的探究往往并不深入。

具体来说,对于清咸同年间湖湘理学群体中的曾国藩②、左

---

① 钱基博、李肖聃:《近百年湖南学风·湘学略》,长沙:岳麓书社,1985年,第104页。
② 熊吕茂:《近年来曾国藩研究综述》,《湖南文理学院学报》(社会科学版)2004年第1期。王澧华:《似花还似非花——曾国藩文献与曾国藩研究》,《湘潭大学社会科学学报》1999年第4期。成晓军:《近十年来曾国藩洋务思想和洋务活动研究概述》,《江海学刊》1995年第5期。

宗棠[①]、郭嵩焘[②]等人，学界的论述颇丰，但是对胡林翼、罗泽南、刘蓉等人的研究尚少，比较有分量的研究成果主要有王尔敏的《胡林翼之志节才略及其对于湘军之维系》[③]，钱穆的《中国近三百年学术史·罗氏学术大要》[④]、《中国学术思想史论丛·罗罗山学述》[⑤]，陆宝千的《论罗泽南的经世思想》[⑥]、《刘蓉论——清代理学家经世之实例》[⑦] 等，关于王鑫、李续宾、杨昌濬等人则鲜有专论。从整体上论及这一群体[⑧]的，从政治角度论述的有朱东安的《曾国藩集团与晚清政局》[⑨]，从军事角度考察的有王尔敏的《湘军军系的形成及其维系》[⑩]，从思想文化角度切入的有李国祁的《道咸同时期我国的经世致用思想》[⑪] 等，以及一些地方史著作如陶用舒的《近代湖南人才群体研究》[⑫] 等。

---

① 汪长柱：《全国左宗棠研究学术讨论会在长沙召开》，《湖南师范大学教育科学学报》1986年第1期。刘泱泱：《左宗棠研究述评》，《求索》1986年第2期。

② 王丽：《近五年来郭嵩焘外交思想研究概论》，《船山学刊》2006年第1期。黄林：《百余年来郭嵩焘研究之回顾》，《湖南师范大学社会科学学报》1999年第2期。

③ 王尔敏：《胡林翼之志节才略及其对于湘军之维系》，《中央研究院近代史研究所集刊》（台北）第7期，1978年6月。另外，关于胡林翼的研究成果，岑洪有一篇《近二十年胡林翼研究综述》（《贵州文史丛刊》2003年第3期）。

④ 钱穆：《罗氏学术大要》，《中国近三百年学术史》下册，北京：商务印书馆，1997年。

⑤ 钱穆：《罗罗山学述》，《中国学术思想史论丛》第8册，台北：东大图书公司，1980年。

⑥ 陆宝千：《论罗泽南的经世思想》，《中央研究院近代史研究所集刊》（台北）第15期下册，1986年12月。

⑦ 陆宝千：《刘蓉论——清代理学家经世之实例》，《中央研究院近代史研究所集刊》（台北）第3期下册，1972年12月。

⑧ 对于曾国藩、胡林翼、左宗棠、罗泽南、刘蓉、郭嵩焘等人，学界多把他们称作湘军集团、湘军人才群体或者曾国藩集团，鲜有称其为晚清湖湘理学群体的。事实上，却是先有晚清湖湘理学群体，后有湘军的，这一群体也并非以曾国藩为唯一领袖。

⑨ 朱东安：《曾国藩集团与晚清政局》，北京：华文出版社，2003年。

⑩ 王尔敏：《湘军军系的形成及其维系》，《中央研究院近代史研究所集刊》（台北）第8期，1979年10月。

⑪ 李国祁：《道咸时期我国的经世致用思想》，《中央研究院近代史研究所集刊》（台北）第15期下册，1986年12月。

⑫ 陶用舒：《近代湖南人才群体研究》，长沙：岳麓书社，2000年。

但是需要指出的是，从知识群体这一角度探讨近代湖湘群体的只有杨念群的《儒学地域化的近代形态——三大知识群体互动的比较研究》[①]等少数著作。不过，杨著旨在分析三大知识群体的互动关系，并非近代湖湘理学群体的专论。

本书则把研究的重心集中在晚清湖湘理学群体与政治、文化以及社会各方面的实际关联与交互作用上，以彰显当时中国社会、政治、文化的特点与结构。也就是说，将湖湘理学群体放置在当时的历史脉络中来观察它的动态，研究他们作为一个群体与政治实践、社会情境的互动关系，而不是把他们每一个人物的思想材料分门别类予以罗列。因此可以算是文化史、政治史与社会史的综合研究。

陈寅恪在论述古代哲学史研究方法时曾经指出："吾人今日可依据之材料，仅为当时所遗存最小之一部；欲藉此残余断片，以窥测其全部结构，必须备艺术家欣赏古代绘画雕刻之眼光及精神，然后古人立说之用意与对象，始可以真了解。所谓真了解者，必神游冥想，与立说之古人，处于同一境界，而对于其持论所以不得不如是之苦心孤诣，表一种之同情，始能批评其学说之是非得失，而无隔阂肤廓之论。"[②] 受此启发，笔者认为只有努力体会研究对象所面临的境遇，才会减少一些以今天的眼光想当然地臆测前人的错误。而要得出更为符合历史真实的结论，就必须尽可能全面地把握材料。为了更鲜活地呈现当时的社会情景，本研究报告广泛使用了时人的文集、诗集、书信、日记以及年

[①] 杨念群：《儒学地域化的近代形态——三大知识群体互动的比较研究》，北京：生活·读书·新知三联书店，1997年。
[②] 陈寅恪：《审查报告一》，见冯友兰《中国哲学史》下册，北京：中华书局，1961年，第1页。

谱①，这些片断将帮助我们更好地揭示他们及其时代的本质。总之，笔者力图在唯物史观的指导下，在深入挖掘相关资料、充分利用学界已有的研究成果的基础上，尽可能将晚清湖湘理学群体的真实面貌生动地呈现出来，同时更准确地评价其在中国近代历史上的地位与作用。

---

① 梁启超说："学者之谱，可以观一时代思想，事功家之谱，可以观一代事变，其重要相等。"（梁启超：《中国近三百年学术史》，北京：东方出版社，1996年，第396页。）晚清湖湘理学群体中的很多人既是学者（或学人），又是事功家，他们的年谱就更为重要。

第一章　区域文化传统与资源

晚清湖湘理学群体所处的时代，是一个面临西方强势文化侵袭的时代。据戴福士（Roger V. Des Forges）的描述，这是一个"中国在世界"的阶段。[①] 不过，这一时期中国知识群体的思想尽管面临西学强烈的冲击，可是在相当长的一段时期内，其认知事物的主要资源仍然是传统的儒学。但是，必须指出的是，不同的知识群体所运用的并非是一个作为整体的儒学，而只是儒学资源的不同侧面。因此，并非像某些西方现代化论者所认为的那样简单，即中国是作为一个整体单位被动承受西方的挑战的。

事实上，儒学在建构的过程中，就是充满歧义的。儒学从原

[①] 戴福士曾经把中国历史与外界的关系比拟为三个阶段：即"中国在中国"、"中国在亚洲"和"中国在世界"。"中国在中国"时期是自商代勃兴到汉代衰落，在这一草创时期，中国文化主要是自生自长于它固有的疆域之中。"中国在亚洲"时期起自于汉衰，一直延伸到明末。此时，中国相当广泛地与亚洲国家往还相交，其最重要的特征是，南北朝时期受到了印度佛教的影响，并遭到北方少数民族的入侵。印度的宗教经过本土化过程，产生了禅宗这样的新形态。"中国在世界"时期是从明末至今，中国一直承受着更大的外来压力，特别是现代化西方的压力、欧洲的文化冲击波——从17世纪的基督教到19世纪的马克思的社会主义，可谓连绵不绝。中国分别从西方、西方化了的日本和美、苏引进了不同的思想模式以改造自身的文化。但是戴福士仍然认为，中国的历史处于自身与西方都无法轻易改变的胶着状态，中国在19世纪和20世纪的经历，与其说是一种"大过渡"（great transformation），毋宁说是一种以文化的延续和变化的继承模式进行的"大强化"（great intensification）。（参见R. V. 戴福士：《中国历史类型：一种螺旋理论》，《走向未来》第2卷第1期，1987年3月。）

生的人文化型构阶段经由官学化过程进入地域化的空间表现形式①,从而构成了不同的文化精英群落,而不同文化精英群落对自身行为的定位,差异很大。这就为我们解读晚清湖湘理学群体提供了一个有益的视角。为什么晚清湖湘理学群体能够发展出这种以重建社会政治秩序为己任的心态?为什么是他们,而不是其他知识群体,在清帝国内外交困的咸同年间崛起,并且通过政治军事实践将自己的理想与观念落于实处,开创了一个号称"中兴"的业绩?原因当然是复杂多样的,我们可以从相互关联和相互作用的多个方面来加以阐释。不过,晚清湖湘理学群体作为某一特定区域的知识群体,区域文化传统的影响无疑是考察这一群体时一个不可忽视的因素。这里,我们首先从湖南区域文化的特性入手,来探讨这一特定区域文化传统对晚清湖湘理学群体的思想观念和社会行为的影响。

第一节 晚清湖湘理学群体的区域文化传统

在文化研究中,传统意味着一代一代向下传递的知识或习俗。在崇拜过去的地方,传统会被看作是一种合法性和价值的根源;而在革命的形势下,传统会被轻视,会被看作是一种前进的阻碍。显然,在晚清湖湘理学群体(而不是他们的后代)成长的历史时段里,传统作为年代和一个民族文化根深蒂固的属性的标志,往往被积极地看待,而加以充分利用。

---

① 杨念群认为儒学可以大致划分为三个发展阶段:(1)原生的人文化型构阶段("语言事件"的表述带有强烈的轴心期特征);(2)"政治神化"形塑阶段(其"语言事件"的表述主体是官学意识形态化的);(3)儒学地域化的空间表现形式("语言事件"的表述是世俗化的,即基本吻合于韦伯所说的"祛除巫魅"dischantmene 的过程)。(参见杨念群:《儒学地域化的近代形态——三大知识群体互动的比较研究》,北京:生活·读书·新知三联书店,1997年,第18页。)

湖南的文化传统可以追溯得相当的久远。湖南位于中国的南部中央，是中国江南古陆的一部分。①考古证明，在距今15—20万年前的旧石器时代，这一地区就已经有古人类生存。距今大约四五千年左右，与传说中的尧、舜、禹三代同时，在洞庭湖、鄱阳湖之间和江汉平原曾经出现了一个名为"三苗"的氏族部落集团。人们一般认为它是以蚩尤为首的九黎部落集团在与炎黄部落的战争中失败后流徙到南方发展而成的。在与北方华夏部落集团长期激烈的战争中，三苗集团的势力日益被削弱，他们中间的一部分退避山林溪峒，成为以后湖南境内和西南地区苗、瑶、侗诸少数民族的先民，还有一部分衍化成为古越民族集团中的一支。古越，是商周时期分布于江南的一个庞大的古民族集团，由于所处位置不同，又分为扬越、于越、闽越等，统称为"百越"。由三苗集团发展衍化而来的湖南境内的古越人属于"扬越"的一支，处于新石器时代末期。春秋时期，以郢（今湖北江陵县西北）为国都的楚国国力迅速强盛，并开始致力于经营南方，于春秋晚期逐渐抵达湖南地区。战国时期，"吴起相（楚）悼王，南并蛮越，遂有洞庭苍梧"，占据湘、资流域，其后又吞并了沅、澧流域，最终拥有了湖南全境。②于是，这里原有的越文化被融合了北方华夏文化与南方蛮夷文化的楚文化所取代。在楚人入湘之前，湖南地区的土著民尚未掌握文字，楚文化大规模入湘后，湖南先民才开始较为普遍地使用楚文字。文字是文明的要素和标志之一。因此，可以说，楚文化是湖南地区历史文化发展的第一大高峰。

　　楚文化的一个显著特点是富于积极浪漫主义精神，其代表人物是流寓湖南的浪漫主义诗人屈原。屈原表面上是楚国的一个弃

---

① 王益厓：《中国地理》上册，台北：国立编译馆，1961年，第5页。
② 范晔：《南蛮西夷传》，《后汉书》卷一一六，上海：上海古籍出版社 上海书店，1986年，第289页。

臣,被放逐于荒蛮的湖南,实际上他是一个真正的王,是政治角逐失败后的精神的王。因此,他漫游在诗与美的心灵深处始终难掩汹涌蓬勃的振兴邦国、统一天下的政治意向。屈原创作的"楚辞",文采绚丽,在恢弘磅礴的悲剧氛围中始终洋溢着努力抗争的飞翔态势,充分体现了当时楚文化的特点。

此后,随着楚国逐鹿中原的失败,秦帝国定都关中一统天下,中国政治与文化重心基本固定在北方。秦汉之际,由于楚人的胜利,使汉初文化在诸多方面再现了楚文化的风神。但是,随着西汉中期统治者迫于政治形势的压力,调整汉初的文化政策以加强中央集权,楚文化也日益融入中原文化,成为水平比它们更高、范围比它们更广的汉文化的组成部分。而此时的湖南由于山川阻隔、四民杂处等地理人文因素的制约,受中原文化的影响微乎其微。正如钱基博所描述的那样:"湖南之为省,北阻大江,南薄五岭,西接黔蜀,群苗所萃,盖四塞之国。其地水少而山多,重山叠岭,滩河峻激,而舟车不易为交通。顽石赭土,地质刚坚,而民性多流于倔强。以故风气锢塞,常不为中原人文所沾被。抑亦风气自创,能别于中原人物以独立。"① 由于"湖南三面环山,近代以前,交通极为不便,欲去广东必须翻越骑田岭;欲至江西,则山路崎岖不平;西部崇山峻岭,倍加困难。"② 只有北部可以凭借洞庭湖对外联络,然而每到洪水季节,湖南的对外交通就会呈现隔绝状态。再加上湖南地区五分之四为山区,就更造成了隔绝中的隔绝。因为湖南地区的隔绝状态,具有原始生命力和地方色彩的楚文化侥幸未被古典理性主义全部肢解,而是渗透到朴野的湖南人的心灵深处,积淀为影响更为深远的民风习尚。

---

① 钱基博、李肖聃:《近百年湖南学风·湘学略》,长沙:岳麓书社,1985年,第1页。
② 张朋园:《近代湖南人性格试释》,《中央研究院近代史研究所集刊》(台北)第6期,1977年6月,第149页。

关于湖南民性风俗的最早记录可以上溯至《史记》。《史记·货殖列传》说湖南人十分剽悍，"其俗剽轻，易发怒。"①《隋书·地理志》则称"其人率多劲悍决烈"，"诸郡多杂蛮"②。唐杜佑《通典》也说湖湘之地"杂以蛮獠，率多劲悍"，"称兵跋扈，无代不有"③。这一民性风俗在湖南地区延续千余年而没有变易，有很强的连续性。据隆庆《岳州府志》记载，湖南"人性悍直，士尚义，居山野者为耕桑，近水滨者业网罟，俗尚淳朴，不事华靡。"④嘉靖《衡州府志》也说湖南人"淳朴近古"，又说衡山地区"信巫鬼，重淫祀，人多劲悍"，安仁地区"自昔风俗简古，人多质实……妇人纺绩，男子不事商贩。"⑤直到民国期间清华大学考察团到湖南时，仍可以得到这种印象。该考察团在报告中指出："一入长沙，即深觉湖南之团结力特别坚强……吵嘴打架，殆属常事，民风慓悍殆即以此。"⑥总之是说湖南人崇勇尚武，性格刚直决烈，又有比较原始的淳朴近野之风。⑦

湖南剽悍民性的形成当然与隔绝的地理状态有关，正如刘师培在《南北学派不同论·南北诸子学不同论》中所指出的："山

---

① 司马迁：《货殖列传》第六十九，《史记》卷一百二十九，上海：上海古籍出版社 上海书店，1986年，第356页。
② 魏征等：《隋书·地理志下》，上海：上海古籍出版社 上海书店，1986年，第114页。
③ 杜佑：《通典》卷一百八十三，州郡十三，北京：中华书局，1984年，第976页。
④ 钟崇文：《职方考》，《岳州府志》卷七，上海：上海古籍书店，1963年，第92页。
⑤ 杨佩修、刘馘纂：《风俗》，《衡州府志》卷一，上海：上海古籍书店，1963年，第8页。
⑥ 陈增敏、刘海晏：《湘鄂旅行见闻录》，《地学杂志》，民国22年（1933）第2期。
⑦ 当然，我们说湖南人崇勇尚武，性格刚直决烈，又有比较原始的淳朴近野之风，并非说所有的湖南人都是如此。事实上，任何一个群体中的成员都是存在差异的。如果我们否认这种差异，就容易陷入本质主义的教条中去。但是，概而言之，一个群体总有区别于其他群体的典型之处。国民性的特征往往取其众趋人格（model personality），其比例最多不超过百分之六七十，少时或仅占百分之一二十。因此，基于研究的需要，只要不是过分概括（over-generalization），我们仍然有必要对某一群体的特征加以归纳总结。这一原则也同样适用于本研究报告对晚清湘湖理学群体特征的分析。

国之地,地土硗瘠,阻于交通,故民之生其间者崇尚实际,修身力行,有坚忍不拔之风。泽国之地,土壤膏腴,便于交通,故民之生其间者,崇尚虚无,活泼进取,有遗世特立之风。"[1] 但是地理因素显然并非唯一因素,从历史的发展来看,经济因素以及抗拒外来压力也与湖南民性的形成有相当关系。湖南自古以来就是一个移民区,如前所述,湖南原为苗人的居住地,春秋战国时期楚人开始迁入。两汉之际,中原大乱,避居湖南者开始增多。虽然此时的湖南地广人稀,可占有的土地尚多,但是土地有肥瘠之分,移民和土著民之间的冲突在所难免。此后,移民更是成倍的增长。特别是明清两代,中国人口压力上升,大量其他地区的居民迁移到湖南。谭其骧的《中国内地移民史——湖南篇》,利用地方志中的氏族志,考出湖南移民大部分来自江西。[2] 事实上,晚清湖湘理学群体中的曾国藩、刘蓉、胡林翼、江忠源、罗泽南、左宗棠、王鑫、郭嵩焘等人的先祖就是从江西迁到湖南的移民。由于移民增多,原来湖南地区每家可以拥有五十至百亩土地,18世纪末已经减少到十数亩。[3] 为了争夺土地,械斗之风盛行于湖南各州县。湖南人长期处于这种争斗的环境中,人民强悍,普遍具有坚强的战斗意志是自然的。这种强悍的性格消极的一面是容易打架生事,而积极的一面则与强烈的责任感与高度的成就需要紧密相连。因此"遇有触发事件,即可使其得到'自我的实现'(self-realization),有一领袖指出其导向(direction),即可使其性格充分发挥。湘军抗拒太平军就是一个自我实现的契机,曾国藩、胡林翼等以传统的伦理作为导向,湖南人的性格发

---

[1] 刘师培:《南北学派不同论·南北诸子学不同论》,《刘申叔遗书》,南京:江苏古籍出版社,1997年,第549页。
[2] 谭其骧:《中国内地移民史——湖南篇》,《史学年报》第1卷第4期,民国21年(1932)6月,第56—58页。
[3] Ping-Ti Ho, Studies on the Population of China, 1368—1953, Cambridge: Harvard University Press, 1959, p. 143.

挥到了顶点。"①

伴随着移民的迁入,特别是知识移民的增加,中原文化对湖南地区的影响也在逐渐加大。东晋以后,由于北方一些游牧民族的不断骚扰,中原地区战火不断,迫使中原地区文人士子纷纷南下,中原大地方兴未艾的理学思潮也随之在两宋之时渗透到"常不为中原人文所沾被"的湖南。湖南地区历史文化发展的第二大高峰湖湘文化的奠基者湖湘学派,它的主要代表人物就不是湖南的土著民,而是后迁到湖南来的移民。一般来说,学术史上以某个地域命名学派的,常常是既与这些学者的籍贯有关,又与该学者在哪里讲学有关。二程是河南人,并讲学于此,故称洛学;张载是关中人,并在此创建学派,故称关学;朱熹是福建人,并主要在福建讲学,故称闽学。不过,湖湘学的主要代表人物大多不是湖南人,胡安国②、胡宏③、胡寅④一家是福建人,张栻⑤是四川人。但是由于他们的主要学术、教育活动皆在湖南一带,所以历史上称之为湖湘学派。

湖湘学派形成和发展的历史时期是理学兴起并走向鼎盛的宋代,这一时期理学派别林立,为什么独有胡、张的湖湘学被湖南

---

① 张朋园:《近代湖南人性格试释》,《中央研究院近代史研究所集刊》(台北)第6期,1977年6月,第151页。
② 胡安国(1074—1138),字康侯,谥文定。两宋之际建宁崇安(今福建武夷山市)人。南宋初年,他率领全家及弟子们隐居湖南衡山一带,研治理学,传授弟子,开创了湖湘一派。
③ 胡宏(1105—1161),字仁仲,学者称五峰先生。胡安国季子。他的代表作《知言》进一步探讨了"性与天道"的理学主题,创立了一个包括本体论、人性论、致知论在内的理学理论框架,在理学范畴体系上奠定了湖湘学派的理论基础。
④ 胡寅(1099—1157),字明仲,学者称致堂先生。胡安国养子。湖湘学派的重要成员之一,对古今政治发表了一系列颇有卓识的议论,其中《上皇帝万言书》最为集中地体现了他的社会政治理想。
⑤ 张栻(1133—1180),字敬夫(又作钦夫),一字乐斋,号南轩,谥宣,后世尊称宣公。南宋汉州绵竹(今四川广汉)人。南宋中兴名相张浚之子。张栻的理学思想以二程为正宗,而又有所发挥,重在明义利之辨,于"去人欲、存天理"反复致意,促使湖湘学派向正宗化发展,为湖湘学派扩大规模作出了突出的贡献。

人所接受，并在此基础上形成了绵延至明清而不绝的湖湘文化？这当然可以从多个方面分析，但是湖湘学派"务实"的学术风格与湖南人崇尚实际的民性之契合无疑是其中一个重要的因素。

理学形成的一个重要使命是为了回应佛家文化生命信仰之挑战，因此理学的一个主要特点是把一切外部事务的解决都放在内在的生命和心性上，即都化约为内在的生命问题与心性问题来解决。也正因为此，一些理学家往往忽视实际问题，简单地认为只要内在的生命问题与心性问题得到了解决，外在的社会政治问题就会自然而然地得到解决。一些走向极端者更是抛弃了儒学的经世传统，日益萎缩在生命与心性的领域内优游涵泳，潜沉玩索。湖湘学派虽然也是一个理学学派，但是，他们没有因为热心讨论"性与天道"而流于空谈，没有因为追求"内圣"而忽视"外王"，而是注重"体用合一"[1]，力求保持内圣与外王、道德与政治的统一。所以，他们对理学内部出现的"多寻空言，不究实用"的倾向展开了批判。胡宏批评说：

> 伊洛老师为人心，切标题，"天理人欲"一句，使人知所以保身、保家、保国、保天下之道。而后之学者多寻空言，不究实用，平居高谈性命之际，亹亹可听，临事茫然，不知性命之所在者，多矣。[2]

也就是说，对"天理人心"的内圣追求，是为了"保国保天下"的外王事功。但是许多学者过多沉迷于内圣，只会"多寻空言"、"高谈性命"，结果是"不究实用"、"临事茫然"。这就违背了儒家的经世致用精神。而湖湘学派努力追求"得其体必得

---

[1] 胡宏：《与原仲兄书二首》，《胡宏集》，北京：中华书局，1987年，第122页。
[2] 胡宏：《与樊茂实书》，《胡宏集》，第124页。

其用",也使得他们能在派别林立的理学学派群中,显示出经世致用的特色。

为湖湘学派形成义理经世相结合的学术风格打下重要基础的是湖湘学派的奠基人胡安国。他用毕生精力研治《春秋》,著有《春秋传》。在《春秋传》中,胡安国反复强调《春秋》大一统、华夷之辨,这主要是针对当时社会中民族矛盾极端尖锐的状况,试图达到加强中央集权、抵御金军、收复中原的现实目的,从而把《春秋》义理的阐发同两宋时期的民族文化复兴运动结合起来。

胡安国的这一治学特点影响了他的后代和弟子们。胡安国季子胡宏虽然终身不仕,但是始终没有忘记经世致用的要求,积极倡导"有体有用"之学,关注由体而达用的政治事功。正如他自己所说的:"口诵古人之书,目睹今日之事,心维天下之理,深考拨乱致治之术。"[①] 胡安国养子胡寅所著《崇正辩》也是倡儒批佛的力作,《读史管见》更以理学观点评论历史,以历史事实阐发经书意蕴,均含有匡时济世之意。

为湖湘学派扩大规模做出突出贡献的张栻同样注重经世致用。他与师胡宏一样,也要求把内圣的道德精神和外王的政治功业统一起来。在《孟子讲义序》中,张栻提出:"嗟乎!义利之辨大矣!岂特学者治己之所当先,施之天下国家一也。王者所以建立邦本,垂裕无疆,以义故也。"[②] 在这里,内圣的修己功夫和外王的"施之天下"是统一的。因此,张栻十分重视当时社会现实所面临的实际问题,对兵政、兵法等军事方面的知识都非常关注,使得湖湘学派的经世致用特色更加突出、鲜明。

张栻的弟子们发展了这种经世致用精神,正如全祖望所评

---

① 胡宏:《与吴元忠四首》,《胡宏集》,第107—108页。
② 张栻:《孟子讲义序》,《张南轩先生文集》卷三,上海:商务印书馆,民国26年(1937),第48页。

价:"南轩弟子,多留心经济之学,其最显者为吴畏斋(猎)、游默斋(九言),而克斋(陈琦)亦其流亚云。"① 特别是吴猎,他把内圣工夫和外王事功统一起来,"非区区迂儒章句之陋","而其好用善人,则宰相材也。"② 可见,由于吴猎能将内圣的"求仁之学"和外王之学很好的结合起来,故被称为难得的经世之才。

以湖湘学派的特征为基本风格,经过数百年的发展、演化,湖湘文化形成了一个相对稳定的结构,"与湖外风气若不相涉。"③

综合宋、元、明、清各代湖南地区的文化思想、学术风尚、人才特色、教育实践等方面的特点,可以发现湖湘文化包含以下三大要素:④

1. 推崇程朱理学

理学(这里主要指理学的主要流派程朱理学)自宋理宗以后,受到历代统治者的支持,成为占统治地位的主流意识形态,因而推崇理学并非只是一种区域文化现象。但是湖南地区推崇理学却有自己的特色。

湖湘文化的开创者周敦颐是理学的开山祖师,奠基者湖湘学派是一个理学家群体,他们尊崇理学自不待言。他们在湖南各地讲学传道,使理学大盛于湖南,湖南自此有"潇湘洙泗"之称。正由于他们广泛深入的影响,数百年来,湖南学界一直标榜理学为"正学",并以此来激励、劝勉湖南的士子。理学家真德秀安

---

① 黄宗羲著,全祖望补修:《岳麓诸儒学案》,《宋元学案》卷七十一,北京:中华书局,1986年,第2383页。
② 黄宗羲著,全祖望补修:《岳麓诸儒学案》,《宋元学案》卷七十一,第2379页。
③ 湖南省文献委员会编:《湖南文献汇编》第2辑,湖南省文献委员会,1949年,第111页。
④ 参见朱汉民《湖湘文化的基本要素与特征》,《湖湘论坛》2000年第5期,第59—61页。

抚湖南时,就曾专作《劝学文》,要求湖南士子潜心理学,在湖湘学派的著作中探寻为学的根本。因此,当全国的学术思潮、教育风向发生重大转换之时,湖湘地区仍然谨守张栻、朱熹学统。明中叶以后,王阳明心学风靡一时,王阳明及其后学季本、罗洪先、张元忭、邹元标都曾到湖南讲学,但是由于受到湖湘学统的制约,始终无法取代程朱理学的统治地位。清乾嘉以后,讲求训诂考据的汉学风行天下,"湖湘尤依先正传述,以义理、经济为精闳,见有言字体音义者,恒戒以为逐末遗本,传教生徒,辄屏去汉、唐诸儒书,务以程、朱为宗。"[①] 即使有一些湖南学者研治汉学,也不像吴、皖等地的汉学家那样把汉学和理学对立起来,而是坚持以义理之学为本,将汉学统于理学的指导之下。如道光年间创办的湘水校经堂即强调汉宋兼采。不仅如此,在湖南,理学的价值观念、思维方式除了渗透在政治、教育等领域内,还影响到日用伦常与社会风俗,使湖南从上到下普遍形成崇尚理学的传统。

2. 强调经世致用

湖湘文化强调经世致用的特色最早由湖湘学派所奠定。胡安国著《春秋传》,通过注释《春秋》,宣传康济时艰、抗金复国的政治主张,首开湖湘文化强调经世致用之风。胡宏虽然终身布衣,但是却始终关心现实政治,所著《知言》、《皇王大纪》皆透露着强烈的经世致用的精神。胡寅有匡扶社稷之志,对古今政治发表了一系列颇有卓识的议论,其中《上皇帝万言书》最为集中地体现了他的社会政治理想。张栻身为南宋中兴名相张浚之子,不仅自身政绩卓著,而且还培养了一大批具有经世之才的弟子,其中赵方、吴猎等人还是能带兵打仗的卓越将领。

明清时期涌现的湖湘人才也多以经世著称。明代主持岳麓书

---

① 罗汝怀:《绿漪草堂文集》卷首,清光绪九年(1883)刊本,第5页。

院的山长叶性、陈纶、熊宇、张凤山、吴道行、郭金台等人承袭湖湘学派的经世学风,进一步弘扬了理学经世的传统。明末清初之际,更有杰出的思想家王夫之崛起于湖南。王夫之(1619—1692),字而农,号姜斋,学者称船山先生。湖南衡阳人。他积极投身抗清斗争,失败后,潜伏山林,著书立说,以表达自己的经世之志,对晚清的中国思想界,特别是湖南思想界产生了巨大的影响。

清嘉道年间,经世思潮再度兴起,"留心时政之士夫,以湖南为最盛"①,著名者有陶澍、魏源、贺长龄、贺熙龄、唐鉴等。他们以陶澍为核心,形成了"湘系经世派"。陶澍(1779—1839),字子霖,号云汀,晚年自号髯樵,又号桃花渔者,谥文毅。湖南安化人。他的经世思想及成就对当时和后世均影响深远,清末清流派代表张佩纶对此有如下评论:

> 道光来人才,当以陶文毅(澍)为第一,其源约分三派:讲求吏事,考订掌故,得之者在上则贺耦庚(长龄),在下则魏默深(源)诸子,而曾文正(国藩)集其成;综核名实,坚卓不回,得之者林文忠(则徐)、蒋砺堂(攸铦)相国,而琦善窃其绪以自矜;以天下为己任,包罗万象,则胡(林翼)、曾(国藩)、左(宗棠)直凑单微。②

魏源、贺长龄、贺熙龄、唐鉴等人聚拢在陶澍周围,日"以文章经济相莫逆"③。他们鄙弃空谈,主张学以致用,敢于针砭时弊,倡导变法改革,进一步发展了湖湘文化的经世特色。

---

① 孟森:《明清史讲义》下册,北京:中华书局,1981年,第618页。
② 张佩纶:《涧于日记》己卯下,丰润涧于草堂石印本,第32页。
③ 魏源:《邵阳魏府君事略》,《魏源集》下册,北京:中华书局,1976年,第848页。

3. 主张躬行实践

躬行实践本来是湖湘学派的学术思想特色。胡宏以躬行实践为教育宗旨，提出"力行"是为学的最高境界，说："学，行之上也，言之次也，教人又其次也。"① 张栻主教岳麓书院后，发扬了注重躬行实践的学风，在哲学上强调"知行互发"，在教育上主张"学贵力行"，使湖湘学派以重视躬行实践而著称于世。

经过长时间的积淀，躬行实践这一湖湘学派的学术思想特色逐渐扩展为湖湘文化的特色。明中叶以后，王阳明心学兴起，出现了"自悟本体"、"放荡不羁"的浙中王畿一派，但是王学在湖南传播的过程中，由于受到湖湘学风的制约，基本没有出现空谈心性、束书不观、游谈无根的现象。明、清之际，王夫之发扬了湖湘文化重视躬行实践的传统，特别强调行的作用，认为"行焉可以得知之效也，知焉未可以得行之效也"，并批判了"离行以为知"的治学方法。② 值得注意的是，湖湘文化中的"躬行实践"主要以伦理道德为特征，这与湖湘文化尊崇理学、强调经世致用有关。如王夫之知行观中的"行"即是"行于君民、亲友、喜怒、哀乐之间"。

综合以上可以看出，与楚文化相比，湖湘文化中的浪漫色彩大为减弱，而那种以天下为己任的政治意识却得到了更大的发展，并与理学结合在一起，形成了自宋以后绵延至晚清而不绝的理学经世传统。因此说，传统不是等待着人们去发现和继承的东西，它是被建构的，在建构和重构的过程中，有些东西被包容进来，而另外的一些内容则被排除出去。理学发展到后来，往往由于过分注重理气的哲学思辨和心性的伦理体悟出现弊端，但是在湖南，由于独特的文化传统，研治理学者多注意把理学与经世之

---

① 胡宏：《知言·中原》，《胡宏集》，北京：中华书局，1987年，第46页。
② ③ 王夫之：《说命中二》，《尚书引义》卷三，北京：中华书局，1976年，第78页。

学、心性修养与躬行实践结合起来,所以少有空疏之弊。晚清湖湘理学群体之所以能够以理学家而从政从军,正是湖湘文化这一特色的体现。

第二节 区域文化传统如何转化为资源

在晚清湖湘理学群体成长的年代,湖湘学派早已消逝近千年。他们之所以能够和南宋湖湘学派的学者们保留着许多相同的特征,并将个性化的经验呈现为一种群体的意义模式(patterns of meaning),从而将湖湘学统转化为可以利用的资源,在很大程度上得益于湖湘学派留下的庞大书院群。

两宋之际,金兵南掠,战火连年,湖南原有书院多随战争灰飞烟灭,化为废墟。南宋初期近二十年间,整个湖南境内的书院基本上处于停滞状态。经过绍兴年间近三十年的努力经营,南宋政权在湖南的统治得以巩固,社会经济也得到了恢复和发展,"既剿蠹夷奸,民俗安靖,则葺学校、访儒雅,思有以振起之,湘人士合辞以书院请"①,掀起了一个兴建书院的高潮。这一高潮的到来,主要得力于胡安国、胡宏、张栻等湖湘学者的推动。

1130年(南宋建炎四年),胡安国从荆门避居湖南,于衡山之麓(今属湘潭)建立碧泉讲堂,后来又在南岳建立文定书堂。此后,胡安国除了撰写《春秋传》以外,主要致力于讲学授徒,直至1138年(南宋绍兴八年)逝世于碧泉书堂。其季子胡宏继承胡安国的遗志,曾上书权相秦桧请求恢复岳麓书院,并自荐为山长,但是没有得到秦桧的响应。于是胡宏将碧泉讲堂扩建为碧泉书院,收徒讲学,以倡其说。其时,彪居正、张栻、胡大原、

---

① 张栻:《潭州重建岳麓书院记》,《张南轩先生文集》卷四,第70页。

吴翌等一大批弟子皆集于门下。与此同时，胡宏在《碧泉书院上梁文》中又发出了"伏愿上梁以后，远邦朋至，近地风从，袭樱下以芬芳，继杏坛而跄济"①的倡议。三湘学者闻风而动，纷纷创建书院响应。仅绍兴、隆庆之际十余年的时间，湖南就创建兴复了9所书院，它们是善化县的城南书院、湘西书院，宁乡县的道山（又名"灵峰"、"云峰"）书院，衡山县的南轩书院，衡阳县的胡忠简书院，安仁县的玉峰书院，靖州的侍郎书院，辰州的张氏书院，卢溪县的东洲书院。这些书院遍布湖湘各地，互相呼应，颇具盛况。

　　胡宏弟子张栻学成之后也相继讲学于城南、道山等书院，倡导师说，将湖湘之学发扬光大于胡氏身后。1165年（南宋乾道元年），潭州知州兼湖南安抚使刘珙重建岳麓书院，聘请张栻主持教事。张栻为重修书院撰写了《岳麓书院记》，明确表示他反对"群居族谈"，反对"但为决科利禄计"，反对仅为学习"言语文词之工而已"，并且提出要坚持辨理欲、明义利、体察求仁、传道济民，以培养"得时行道，事业满天下"的济世人才。②在教学方法和方式上，张栻力主致知力行、知行互发、循序渐进、博约相须、学思并进、博思审择等，也颇具特色。因此，"一时从游之士，请业问难者至千余人，弦诵之声洋溢于衡峰湘水。"③湖湘学派最终得以奠定规模于岳麓书院。受其影响，自淳熙到绍熙年间的二十年时间内，湖南又重建了著名的衡阳石鼓书院，创建了茶陵明经书院、兴宁辰冈书院、桂阳石林书院、武冈紫阳书院等。张栻之后，其弟子胡大时、彭龟年、游九言、游九功等人继续传播湖湘学，又创建了湘乡的涟滨书院、湘潭的

---

① 胡宏：《碧泉书院上梁文》，见陈谷嘉、邓洪波编《中国书院史资料》上册，杭州：浙江教育出版社，1998年，第107页。
② 张栻：《潭州重建岳麓书院记》，《张南轩先生文集》卷四，第70页。
③ 杨锡绂：《改建书院叙》，见余正焕编《城南书院志》，清道光八年（1828）刊本。

主一书院、衡山的南岳书院等。湖南因此学术大兴,人才蔚起。其时,以碧泉、文定、岳麓、城南为代表的书院群已经成为湖南地区的理学大本营,并形成了一个学术思想自成体系的强大的人才群体。

1167年(南宋乾道三年),理学家朱熹听闻张栻阐扬湖湘学于岳麓,不远千里前来访学,更证明了湖湘学派创建兴复的书院影响之大。朱张会讲,以岳麓书院为中心,并往来于善化(今长沙)城南、衡山南轩二书院,以"中和"为主题,涉及到太极、乾坤、心性、察识持善之序等理学普遍关注的问题,讲论两月有余,"学徒千余,舆马之众,至饮池水立竭,一时有潇湘洙泗之目焉。"① 这次学术活动,首开书院会讲、自由讲学之风,是湖南学术、书院发展史上具有里程碑意义的大事。从学术流派来说,这是闽学与湖湘学的交流,它比鹅湖之会(1175年)和朱熹与陆九渊于白鹿洞书院讲君子喻于义(1181年)都要早,可以说是首开不同的学派以书院为讲坛进行交流切磋的记录。由于胡、张的湖湘学和朱熹的闽学同源于二程,具有许多相同之处,因而自乾道会讲以来,湖湘学者即视朱张为一体,闽湘二派由此日渐交汇而成朱张学统,得以流行于三湘四水之间。

此后受"庆元党禁"之累,理学被斥为"伪学",各地作为理学大本营的书院多受冲击。所幸由于湖湘之士在抗金北伐的问题上与韩侂胄主张一致等原因,湖南书院所受影响不大,甚至还在庆元年间于澧州新建了深柳书院。嘉定以后,党禁既开,真德秀、魏了翁等理学重臣又在湖南大力推行朱、张之学。真德秀(1178—1235),字景元,号西山,建州浦城(今属福建)人,学崇朱熹。魏了翁(1178—1237),字华父,号鹤山,邓州蒲江(今属四川)人,学崇朱熹,私淑张栻。两人都是南宋后期最重

---

① 赵宁编:《岳麓书院志》卷三,清咸丰辛酉(1861)重刊本。

要的理学家,又皆曾在湖南为官多年,故往往被合称"真魏"。真德秀曾经以湖南安抚使知潭州身份令湘乡知县徐质夫建濂溪书院,并亲自题其堂曰"春风";此外,他还到岳麓书院主持祭典,发布《劝学文》、《潭州示学者说》,宣称朱、张二先生之学,源流实出于一,又皆集诸老之大成,并以此来劝勉湖湘士人潜心理学,在湖湘学派的著作中探寻为学的根本。魏了翁则在谪居靖州的七年间(1125—1231),建鹤山书院以讲学,大力倡导朱、张之学,告诫生徒"穷天下之物,无可以称天德"①。经过真德秀、魏了翁等理学重臣的大力倡导,朱、张之学遂成为湖湘学术的正宗。湖湘后学也以继起先贤,讲求学术为荣耀,先后创建了湘乡涟滨、安仁清滨、鄜县台山、靖州作新、善化丽泽、醴陵西山、龙阳龙津、澄州范文正公、兴宁辰冈、临武环绿、黔阳宝山、靖州鹤山等12所书院,将湖南书院再次推向新的发展高峰。

　　1273年(南宋咸淳九年),元兵攻克襄阳,进逼湖南,湖南书院师生大多参加了抗元斗争,其中以包括潭州州学、湘西书院、岳麓书院在内的"潭州三学"师生的事迹最为典型。1275年(南宋德祐元年)秋,湘阴失陷,元右丞相阿里海牙兵围潭州,南宋湖南安抚使李芾(原为衡阳石鼓书院学生)率军民固守城池,开始了艰难的潭州保卫战。当战斗进入最激烈的阶段,"三学生"在岳麓书院山长尹谷的带领下走出书斋,与军民共同守卫潭州。是年年底,潭州矢尽粮绝,以致罗雀掘鼠充饥,在战局难支的情况下,李芾杀身殉国,尹谷举家自焚,"三学生"带着悲愤投入了最后的战斗,最终大部分战死,而岳麓书院也被阿里海牙夷为瓦砾。面对强大的敌人,"三学生"英勇不屈,顽强战斗,与城池共存亡,这正是湖湘学派致知力行、践履求实、传

---

① 陈谷嘉、邓洪波编:《中国书院史资料》上册,第163页。

道济民优良传统的体现。

此后,湖湘学派随着南宋的灭亡也宣告终结,不过,他们留下的湖湘书院却得到了兴复。湖南最著名的岳麓书院于1276年(元至元十三年)被毁以后,1286年(元至元二十三年)在潭州学正郡人刘必大的主持下得以重建。1314年(元延祐元年)郡别驾刘安仁又重修了岳麓书院房舍。此次重修,工程浩大,修复后的书院规制宏整,讲学有堂,藏书有阁,祭祀有祠殿,游息有亭轩,保持了岳麓书院的旧有规制。更重要的是,刘安仁重修书院时,请其好友吴澄撰写了《岳麓书院重修记》和《百泉轩记》。吴澄(1249—1333),字幼清,号草庐,抚州崇仁(今江西崇仁)人,是元代颇具影响的理学家和教育家。在《岳麓书院重修记》中,吴澄较为系统地回顾了岳麓书院的历史,总结了岳麓办学的优良传统,称:

> 开宝之肇创也,盖惟五代乱离之余,学政不修,而湖南邈远之郡,儒风未振,故俾学者于是焉而读书。乾道之重兴也,盖惟州县庠序之教,沉迷俗学,而科举利诱之习,蛊惑人心,故俾学者于是焉而讲道……至元之复修也,岂不以先正经始之功不可以废而莫之举也乎?岂不可以真儒过化之乡不可以绝而莫之续也乎?①

吴澄将岳麓书院创建以后的历史划分为读书、讲道、举废续绝三个时期。这一总结是颇有见地的。唐五代之时,湖南被视为贬谪之地,文化教育事业较为落后。976年(北宋开宝九年),潭州太守朱洞创建岳麓书院,主要就是为了集结士人读书,改变

---

① 吴澄:《岳麓书院重修记》,见陈谷嘉、邓洪波编《中国书院史资料》上册,第321—322页。

文化落后的面貌。因此，这一时期的岳麓书院虽然因为享受到朝廷赐书赐额、召见山长的待遇而成为北宋最著名的书院之一，但是并没有形成自己的教育特色，创办和主持书院者也都没有提出独立于官学之外的独特教育宗旨。他们最关心的是"使里人有必葺之志，使学者无将落之忧"①，即在官学不兴之时，使士人有条件读书。1165年（南宋乾道元年）岳麓书院重建以后，张栻主持教事，朱熹讲学其中，自此进入讲道时期。在吴澄看来，元修复后的举废续绝时期就是要恢复讲道时期的朱张学统。所以，在《百泉轩记》中，吴澄着重描述当年张栻、朱熹两位大师讲学岳麓时，"昼而燕坐，夜而栖宿必于是也。二先生酷爱是泉也，盖非止于玩物适性而已。'逝者如斯夫，不舍昼夜'，惟知道者能言之。呜呼，岂凡儒俗士之所得闻哉！"②指出百泉轩的建设，不在于满足"凡儒俗士""玩物适情"的意愿，其立意在于陶冶心性、气质，教育生徒"知道"、"求仁"，以达到"高尚"的思想境界。可见，重建后的岳麓书院并非简单地继承了原来的名字，更重要的是继承了原有的学统。

此后，岳麓书院虽然在易代之际屡遭兵毁，但是在重建之时皆能注意继承朱张学统。比如在1368年（元至正二十八年）被毁之后，长沙府通判陈钢于1494年（明弘治七年）重建岳麓书院，山长叶性就有意宣扬朱张学统。1685年（清康熙二十四年），湖南巡抚丁思孔大规模重建因三藩之乱所毁坏的岳麓书院时，也宣称要"继朱、张两夫子之遗绪，讲明性天之学，趾轨前型，扶掖未哲。"③因此，岳麓书院历代崇祀的主体精神偶像多集中于朱熹、张栻两位理学大师。龙骧《重修岳麓书院记》

---

① 王禹偁：《潭州岳麓山书院记》，《小畜集》卷十七，台北：台湾商务印书馆，1979年，第116页。
② 吴澄：《百泉轩记》，见陈谷嘉、邓洪波编《中国书院史资料》上册，第322—323页。
③ 丁思孔：《重修岳麓书院碑记》，见赵宁编《岳麓书院志》卷七。

曾云：岳麓书院自宋以后，"毁于兵者再，而兴于官者三。至明弘治七年，通判陈钢重加修葺，建崇道祠以祀朱张二子……天地之道不息，则张朱之教不朽。"① 书院祭祀的一个主要目的，是借所奉人物确立自己的学统。因此书院祭祀"必本其学之所自出而各自祭之"的原则，"非其师弗学，非其学弗祭也"。② 通过庄严神圣的祭祀仪式，院中诸生可以感知先贤的人格魅力，见贤思齐，感生成圣成贤之志。可以说，书院祭祀象征着一个书院的精神血脉，表明书院的学术渊源、风尚与特色，是学术传统的具体化。那么，对朱熹、张栻的偶像崇祀就成为对朱张学统继承的一个主要途径。所以历代岳麓书院修缮者往往通过不断维修和增设祭祀建置来强化朱张会讲的意义，诸如崇圣祠、崇道祠、六君子堂等专祠的设立，均可以看作是强化朱张会讲的附属品。仪式被认为是在参与者中建立社会性团结一致、重申共有价值的方式。这样，通过一整套的仪式程序，湖湘士人将朱熹、张栻的个人经验放大成为对社会系统具有强大干预与渗透性的群体经验。正如克里福德·吉尔茨（Clifford Geertz）所说的："文化是意义的构架，人类用它来解释自己的经验，指导自己的行动；社会结构是这些行动所采取的形式，是实际存在的社会关系网络。因此，文化和社会结构是对同一现象进行的不同的抽象。一个是从社会行动对行动者具有的意义来看待行动，一个是从社会行动对某一社会系统之运转起的作用来看待行动。"③ 通过仪式仪轨，湖湘士人最终使个人经验演变为一种可以控制他人或社会的强势意识形态，从而泛化成一种布迪厄（Pierre Boredieu）所说的"象征权力"（symbolic power）。这样，一种象征（symbolism）

---

① 龙骧：《重修岳麓书院记》，见罗汝怀编《湖南文征》卷四十七，《记六》，清同治八年（1869）刊本。
② 黄干：《送东川书院陈山长序》，《黄文献公文集》卷六。
③ Clifford Geertz, Interpretation of Cultures, New York, 1973.

与意义的文化体系就被强加在其他文化体系之上，成为"符号的暴力"。①

这里值得一提的是，在朱张会讲之时，闽学与湖湘学都是作为私学流派存在的，甚至朱熹的闽学还屡次遭到官方的黜禁。如宋孝宗年间，陈贾请查禁道学，林栗请停罢朱熹。宋宁宗年间，叶翥奏称朱熹是伪学之魁，请求除毁朱熹语录。因此朱张会讲最初带有强烈的私人切磋性质，所以如果仅此而已，岳麓书院所宣扬的朱张学统并不具备凝聚为区域文化霸权的条件。"文化霸权"（cultural hegemony）按丹尼尔·贝尔（Daniel Bell）借用于葛兰西的看法，是指一种超越于基本社会结构之上，并对社会结构施加影响的世界观，是一种较为抽象的理念。② 那么，将文化霸权的作用限定于某个特定区域之内，显然仍具有类似的意义。我们首先必须承认，区域文化霸权是被建构的，它是各个社会集团努力整合起来的统治形式，因此各种社会群体全都牵系于其中。所以凝聚为区域文化霸权的象征物必须具备官私混合型偶像的特征。如前所述，朱张会讲最初并不具备这一条件。不过，随着朱学由私学流派日益转化为官学正统，朱张会讲就必然不能再作为一种私学讲论符号而存在，而成为一个官学和私学互动交叉的象征符号。正如伍德赛德（Alexander Woodside）认为的那样，中国历史上所谓圣贤的丰富性并不总是呈均衡的地理分布方式存在着，并不是每个地区的圣贤都适合于官方教育网络的要求，因此崇祀不符合官方网络要求的乡贤一旦成为书院日常运作的程序以后，反而容易丧失其吸引力和象征意义，从而疏离正统

---

① Bourdieu, P. and Passeron, J. C. Reproduction in Education, Culture and Society, London: Sage, 1990.
② 丹尼尔·贝尔:《资本主义文化矛盾》，北京：生活·读书·新知三联书店，1989年，第33页。

的轨迹。① 比如岭南书院中广祀陈献章，而白沙之学却始终没有成为岭南书院构建文化霸权的思想资源，其中一个重要的原因就是白沙之学仅仅具有地域化儒学流派的文化价值，并不拥有官学的普遍泛化特征。而湖湘士人对朱张的崇祀就很好的解决了这一问题。在朱张学统中，朱学作为官学起着左右湖湘学基本走向的作用，而湖湘学作为私学流派在与作为官学的朱学的交融中不断趋于正宗化，同时又借助官学的名义将自身的独特风格保持下来，从而形成了官学与私学的良好互动。强调朱张学统，使岳麓书院既具有私学的原初学术特征，又能在精神感召方面突破区域的限制，与官学思维相互呼应融合，从而与官学体系奉侍的正统观念保持适合的张力关系。

由于与官方正统观念的良好互动，岳麓书院声誉日隆，官方意识形态向岳麓书院渗透也通过御赐经书和嘉奖山长等方式持续不断的进行下去。岳麓书院首次获朝廷赐书是在999年（北宋咸平二年），当时潭州知州李允则为岳麓书院请得朝廷赐国子监诸经释文义疏及《史记》、《玉篇》、《唐韵》等书。此后，历朝历代皆有此类活动。清代较重要的一次赐书活动是1685年（清康熙二十四年）湖南巡抚丁思孔重修岳麓书院时奏请的。丁思孔在《奏颁岳麓书院匾额书籍疏》中称："伏念必蒙御书赐额并颁给解义诸经书。使士子恭睹宸章，仰窥圣学，益深忠爱之思，更明理学之统，不惟增光旧制，而于治化实有俾焉。"② 1687年（清康熙二十六年）春，御书"学达性天"匾额，以及十三经、二十一史、经书讲义一起被送达岳麓书院。

不仅如此，岳麓书院的山长还多次受到朝廷的召见。1015

---

① Alexander Woodside, "State, Scholars, and Orthodoxy - The Ch'ing Academies, 1736—1839", in: Kwang-Ching Lin Edited: Orthodoxy in late Imperial China, University of California Press, 1990, p. 176—177.

② 丁思孔：《奏颁岳麓书院匾额书籍疏》，见光绪《善化县志》卷十一，《学校》。

年（北宋大中祥符八年），岳麓书院首任山长周式就曾蒙宋真宗召见。据张栻《岳麓书院记》："山长周式以行义著，祥符八年召见便殿，拜国子学主簿，使归教授，诏以岳麓书院名增赐中秘书，于是书院之称始闻天下。"① 由于朝廷的召见，周式的身份大大提升，远非其他书院的山长可比。延至清代，清廷对岳麓书院山长的待遇更是空前。乾隆年间的岳麓书院山长罗典②，就先后被提奏四次，经吏部记录八次，并曾两赴鹿鸣宴。光绪年间主讲岳麓书院的徐棻，亦有重赴鹿鸣宴之恩遇。③

除了御赐经书和嘉奖山长以外，朝廷对岳麓书院的隆遇还表现在要求各省向岳麓书院捐资。曾任岳麓书院山长的易宗涒曾说："雍正十一年各省皆赐千金，以为书院兴贤育才之资。"④ 这可以说是非一般书院所能得到的特殊待遇了。在湖南，只有城南书院享受过此种待遇。同时，这也验证了阿伯克龙比（Abercrombie）所说的，与其说人们是被占统治地位的意识形态所收编，不如说是被统治阶级的政治和经济控制所收编。⑤ 这样也就使岳麓课士带有一种十分明显的意识形态化强制色彩，从而使朱张学统代代传承下去。在一般情况下，人们对世界的认知和表达有多种多样的可能性，人们可以依据不同的方式来描述和构造社

---

① 曾国荃、李元度纂：《湖南通志》卷六十八，《学校七》，《书院一》，清光绪十一年（1885）重刊本，第3页。

② 罗典（1718—1807），号慎斋。湖南湘潭人。罗典在岳麓书院主讲27年，影响深远，其弟子严如熤称："先生主教，务令学者陶泳其天趣，坚定其德性，而明习于时务。"（严如熤：《鸿胪寺少卿罗慎斋先生传》，见罗汝怀编《湖南文征》卷四。）

③ 1893年4月8日（清光绪十九年二月二十二日）"上谕"称："吴大澂奏耆绅重遇鹿鸣，垦恩与宴一折，三品卿衔即选员外郎徐棻，早岁登科在籍，主讲书院，陶成后进。现在年逾八秩，乡举重逢，询属艺林盛事。徐棻着加恩赏给二品顶戴，准其重赴鹿鸣宴，以惠耆年。"（见徐棻《鹿鸣雅咏》中收录《上谕》，清光绪乙未（1895）绿荫草堂刊本。）

④ 易宗涒：《岳麓书院记》，见罗汝怀编《湖南文征》卷四十六，《记五》。

⑤ Abercrombie, N., Hill, S. and Turner, B. S. The Dominant Ideology Thesis, London: Allen & Unwin, 1980.

会环境,并自由选择分类原则。① 例如,人文荟萃的江浙书院既可以选择祭祀程颢、程颐、朱熹、罗钦顺,亦可以选择祭祀王阳明、刘宗周,甚至也可以选择祭祀两汉宗师。然而,一旦官学正统势力强行介入,人们对符号的自由选择度就会急剧缩小。因为官学系统会强加其某种所谓合法的观察和分界原则。因此,朱张学统之朱熹学统能够在岳麓书院延绵如此之久,与官方通过赐书捐资等方式强行灌输其文化意志是分不开的。

不仅岳麓书院标榜朱张学统,湖南其他书院也自觉以岳麓书院为榜样,把兴复书院和继承朱张学统统一起来。如明嘉靖年间湖南益阳建龙洲书院,清乾隆年间宁乡建玉潭书院,就皆以继承朱张学统为目的:

> 尧舜禹汤文武周公孔子之道,传之孟轲,轲之殁千数百季,而后有濂溪周子得不传之学,上以续尧舜禹汤文武周公孔孟,于闻知之余,然后河南二程氏有所师承,传之朱(熹)张(栻),讲道于岳麓之间,湖南道学一时为天下宗……后之视今,亦犹今之视昔者,不有以继岳麓之盛,而称湖南道学之宗乎!②

> 西宁距省会百里,玉潭之水汇于湘江,沩山之脉绵于岳麓,其涵濡于当事之教泽者久矣。溯五峰(胡宏)之道脉,缅广汉(张栻)之流风,有不禁勃然而起者,此书院之所以废而复兴欤!③

这就使朱张学统进一步扩展为具有地域性质的湖湘学统。在

---

① Pierre Bourdieu, Language and Symbolic Power, Cambridge Mass; Harvard University Press 1991, p. 170.
② 李棠:《益阳龙洲书院志序》,见罗汝怀编《湖南文征》卷二十八。
③ 周在炽编:《玉潭书院志·序》,清乾隆三十二年(1767)刊本。

湖湘书院中，对朱张的颂扬也因此几乎成了一个历史母题。例如，在湘潭县西南约120里有一座"朱亭"，"为有宋贤儒朱张二子泊舟讲学处，邑人士先后建祠架阁，复建讲堂，因地名曰龙潭书院。"① 后人更进一步将"朱亭"神圣化，使之成为朱张学统的象征物。王文韶在《龙潭书院记》中就曾大力强调"地以人传"而造成的道德濡化效果，他说："朱亭为湘潭一邑之胜地，滨大河九疑衡岳蜿蜒，萃集灵秀所聚，土厚水深，生其间者率多沉毅雄博之气，以之邃于所修，磨切讲贯于朱张治己治物之功，学之十而得之一，宿不为迂拘濡缓而徒美其文辞以炫一时。"② 刘崑在《龙潭书院文昌阁记》中则更明确了朱张学统非龙潭书院以及湘潭一地所传承之学统，"愿学者教者相与追宋贤遗风，上承斗魁六匡之曜，其所关系独湘潭一邑乎哉！"③ 因此，朱张学统作为一种文化资源，作为一个历史母题，已经具有相当强烈的区域垄断倾向，以至于湖湘书院皆宣称传承了朱张学统，否则书院课士的权威性就会有所削弱。

由于岳麓模式的放大，朱张学统已经进一步扩展为具有地域性质的湖湘学统。对于湘人来说，朱张学统绝不仅仅是纯粹"道德偶像"的象征，而是湘人获取权力的先贤形象资本。在湘人手中，朱张学统完全是作为文化与符号资本而被使用着的。④它既能以书院为核心将士子们归属于朱张精神感召的范围之内，

---

① 裕泰：《龙潭书院记》，见《湖南通志》卷六十八，《学校七》，《书院一》。
② 王文韶：《龙潭书院记》，见《湖南通志》卷六十八，《学校七》，《书院一》。
③ 刘崑：《龙潭书院文昌阁记》，见《湖南通志》卷六十八，《学校七》，《书院一》。
④ 在布迪厄（Pierre Bourdieu）看来，资本以多种形态存在，其中有四种基本形态：经济资本（economic capital）、社会资本（social capital）、文化资本（cultural capital）和符号资本（symbolic capital）。广泛存在的社会"误识"即"符号权力"的存在，使各种礼仪形式在"符号资本"的掩饰下巧妙地演变为美丽的"幻象"（illusion）和神话。相比而言，文化资本和符号资本比经济资本和社会资本更隐蔽地体现社会成员之间的不平等关系以及社会资源的不平等分配。（Pierre Bourdieu, Outline of a Theory of Practice, Cambridge: Cambridge University Press, 1977, p. 183.）

又能以符号隐喻的形式建立起强大的精神权威，以排斥对异端偶像的崇拜和异端思想的传播。正如席尔斯（Edward Shils）所认为的那样，一种"意识形态"常常更多地强调同社会中其他看法或他种意识形态的区别和不相关性，非常排斥在其信仰上的创新，并且要么否定那些实际上已经存在的创新本身，要么否定其重要意义，而且接受并传播含有强烈的感觉性隐喻。对于其接受者来说，完全的恭顺是必需的，而且这种恭顺被认为是基本的、律令性的，应该完全渗透到其行为之中。① 所以，湖湘士人往往不喜欢从学理上深究与其他学派在学术研究方面的思想差异，而是将朱、张之学乐观地视为天经地义的真理，以朱、张之学的既定原则作为衡量对方学术思想优劣的尺度。这就使得其他学术思想很难进入湖湘士人的视野之内，即使被部分认同，也往往不脱朱、张之旨。比如醴陵县的超然书院，在1667年（清康熙六年）以王阳明"曾栖息于此"命名为文成书院，但是在1701年（清康熙四十年）就恢复了原名。而在改名文成书院期间，所强调的也是王阳明"足以发闽洛精蕴，绍孔孟薪传，及至勘定变难，勋名烂焉。"② 将王阳明戡定变难的行为归功于闽洛精蕴，可谓牵强附会，但是对于湖湘士人来说却可因此避免在王阳明过化之地造成心学的流传。正是这些因素的综合作用大大加强了湖湘士人在意识形态控制方面的威慑力量，而不会使湖湘书院成为各种学术流派的聚散之地。

不过，朱张学统虽然被后世湖湘士人视为一体，但是，如果细加辨析，我们可以发现，湖湘学作为私学流派，虽然已经日渐无力与作为官学的朱学抗争，但是湖湘学并未完全被朱学所吞噬。如前所述，在朱张学统中，湖湘学作为私学流派在与作为官

---

① Edward Shils：" Ideology" in：The Intellectuals and the powers and other Essays, University of Chicago press, 1972, p. 23.

② 张尊贤：《文成书院碑记》，见《醴陵县志·教育志》，1949年刊本。

学的朱学的不断交融中虽然日益趋于正宗化，但是同时也借助官学的名义将自身的独特风格保持下来。当朱张会讲之时，湖湘学和朱学的分歧已经显现出来。张栻、朱熹虽然都是二程的四传弟子，具有共同的学统渊源，不过他们又有不同的授受系统，"二程之学，龟山（杨时）得之而南，传之豫章罗氏（罗从彦），罗氏传之延平李氏（李侗），李氏传之考亭朱氏（朱熹），此一派也。上蔡（谢良佐）传之武夷胡氏（胡安国），胡氏传其子五峰（胡宏），五峰传之南轩张氏（张栻），此又一派也。"① 所以张栻与朱熹在很多问题上都曾经有过论辩。

湖湘学与朱学的分歧从大的方面看主要有二端，一是心性论的分歧，胡宏主张以"性"为"立天下之大本"，而朱熹主张反归于"理"，以"理"统摄万物；二是工夫论的分歧，胡宏主张于已发处做工夫，将已发作为做工夫的下手要处，而杨时、罗从彦、李侗主张体验于喜怒哀乐未发之际。经过一系列论辩，张栻在心性论上放弃了原有的观点，接受了朱熹的说法，但是在"先察识，后涵养"的工夫论层面上却始终坚守师说，并且一度使朱熹在这一问题上接受了湖湘学派的观点。

湖湘学派的工夫论重视"察识"的作用，主张"先察识，后持养"，把道德修养的重点放在喜怒哀乐已发之后时"处事应物"的生活实践中。胡宏在《知言》中的一段话，就是这一理论的典型观点。胡宏写道：

> 齐王见牛而不忍杀，此良心之苗裔，因利欲之间而见者也。一有见焉，操而存之，存而养之，养而充之，以至于大，大而不已，与天地同矣。此心在人，其发见

---

① 真德秀：《真文忠公读书记》甲集卷三十一，清同治二年（1863）重刊本。

之端不同，要在识之而已。①

胡宏以《孟子》中"齐王见牛而不忍杀"的事例，说明道德本体的良心不是在静坐之间，而是存在于日用生活中的感性心理之中。因而，人们只能在此"利欲之间"察识内在的道德本体，然后加以"存养"，才能达到"与天地同"的最高精神境界。

朱熹的工夫论则继承了杨时、罗从彦、李侗一派的观点。朱熹曾说："李先生教人，大抵令于静中体认大本未发时气象分明，即处事应物，自然中节，此乃龟山门下相传指诀。"② 所以朱熹在受业李侗门下时就接受了杨、罗、李所传的"默坐澄心，体认天理"的修养方法。这种修养方法，要求在静坐中以求喜怒哀乐未发之前的气象，以使天理澄明，人欲尽消，从而达到道德修养的目的。这是一种重持养的修身方法，与湖湘学派重察识显然不同。随着朱熹与湖湘学派学术交往的日益密切，特别是1167年（南宋乾道三年）朱张会讲之后，朱熹一度接受了湖湘学派在日用生活中察识的观点。他在会讲后所作的离别诗中写道："惟应酬酢处，特达见本根"，就是指道德修养应在日用酬酢的已发之处用功。朱熹在后来的一封信中也承认："某去冬走湖湘，讲论之益不少。然此事须是自做工夫于日用间行住坐行卧处方自有见处。"③ 可见，朱熹已经放弃了"龟山门下相传指诀"。但是，到了1169年（南宋乾道五年），朱熹的心性论和工夫论发生了一个重要的变化，他重新确立了"中和"观点，提出了"心统性情"的心性论和"主敬致知"的工夫论。对于朱熹的心性论，张栻表示接受，但是在工夫论上仍然坚持胡宏的观

---

① 《胡宏集·宋朱熹胡子知言疑义》，第335页。
② 朱熹：《答何叔京》，《朱熹集》卷四十，成都：四川教育出版社，1996年，第1841—1842页。
③ 朱熹：《答程允夫》，《朱熹集》卷四十一，第1920—1921页。

点。朱熹在《答林择之》一信中说："近得南轩书，诸说皆相然诺。但先察识后涵养之论执之尚坚，未发已发条理亦未甚明。"①于是朱熹不断论证湖湘学派工夫论之非。他批评张栻说："所谓'学者先须察识端倪之发，然后可加存养之功'，则熹于此不能无疑。盖发处固当察识，但人自有未发时，此处便合存养，岂可必待发而后察、察而后存耶？"② 朱熹不仅写信批评张栻，还进一步追根寻源，把批判的矛头直指胡宏。在《知言疑义》中，朱熹批判了胡宏重察识的观点：

> 熹谓二者诚不可偏废，然圣门之教详于持养而略于体察，与此章之意正相反。学者审之，则其得失可见矣。孟子指齐王爱牛之心，乃是因其所明而导之，非以为必如此，然后可以求仁也。夫必欲因苗裔而识本根，孰若培其本根，而听其枝叶自茂耶！③

胡宏曾以《孟子》中"齐王见牛而不忍杀"论述人应在"已发"的感性心理中察识良心的苗裔，并由此以达道德本体。朱熹则批评了这种观点，认为孔门之教从来就是重视持养，所以他认为胡宏背离了孔门之教的宗旨。不过，虽然朱熹对湖湘学派的工夫论展开了批判，但是以张栻为代表的湖湘学者始终坚持"先察识"之说，并以儒家经典来论证自己的观点。如他们以《大学》中格物、致知、正心、诚意之序，来论证致知先于持养，由《论语》中"观过知仁"论证"先察识"。显然，坚持"先察识"，要求首先在日用生活中察识本心，正是湖湘学派重践履在工夫论上的表现。

---

① 朱熹：《答林择之》，《朱熹集》卷四十三，第 2028 页。
② 朱熹：《答张钦夫》，《朱熹集》卷三十二，第 1405 页。
③ 《胡宏集·宋朱熹胡子知言疑义》，第 336 页。

可见，从张栻开始，湖湘学者已经无意在理气论、心性论上与朱学争锋，而随着朱学由私学流派日益转化为官学正统，湖湘学在此方面更是日益同化于朱学，但是在工夫论上，湖湘士人则始终带有胡、张之学重践履的特征。表现在书院祭祀上，就是在崇祀朱、张的同时，强调胡、张传承。如衡山县西北紫盖峰下的文定书院，以胡安国曾著书于此，故书院"中为堂祀公，配以少子宏，所谓五峰先生者"①，以表示对胡、张传承体系的认同。表现在书院教学上，湖湘士人则强调："政学同条而共贯，是为体用之全。若政不本于学术，杂霸之政也；学不施于政事，无用之学也。学废政弛而异端遂横，古者政与学相因相辅。"② 讲究"体用结合"、"政学相贯"，不鼓励进行脱离实际的纯学术研究。因此，可以说，湖湘士人关注于日用伦常的取向实际上起着简化官学思维，化解朱学玄妙之理及其相关律条的作用，从而使之日趋世俗化，演变为具有相当可操作性的世俗道德律令。也正因为此，深受湖湘学重践履思维熏陶的湖湘士人，与正统思维虽然并非格格不入，但是与悬为科举功令的朱学正统模式还是多有区别，所以往往不可能从跻身科举仕途入手凝聚权力，而只能在书院中磨砺自己的治世之剑。如果在承平年代，湖湘士人很容易隐于历史的幕后而湮没无闻。因此在一般士人的心目中，清咸同以前的湖湘地域不啻为一片"文化沙漠"。皮锡瑞说："湖南人物，罕见史传，三国时如蒋琬者只一二人。唐开科二百年，长沙刘蜕始举进士，时谓之'破天荒'，至元欧阳厚功（欧阳会），明刘三吾（刘如孙）、李东阳、杨嗣宗诸人，骎骎始盛。"③ 不过，学者刘献庭在清康熙初年仍然觉得湖湘之地是荒陋之区，"无半人

---

① 李东阳：《胡文定公书院记》，见《湖南通志》卷六十九，《学校八》，《书院二》。
② 裕泰：《龙潭书院记》，见《湖南通志》卷六十八，《学校七》，《书院一》。
③ 皮锡瑞：《师复堂未刊日记》，见《湖南历史资料》1959年第1期，长沙：湖南人民出版社。

堪对语"①。康熙时,两湖合闱乡试,湖南中额不及四分之一。与湖北分闱乡试后,湖南科举依然不盛。据王闿运说:"湖南自分闱科举二百年中,殿试一甲才有五人。"② 而晚清内忧外患局势的加剧,却为重践履的湖湘士人提供了绝好的外部条件。张集馨曾云:"楚省风气,近年极旺,自曾涤生领师后,概用楚勇,遍用楚人。各省共总督八缺,湖南已居其五:直隶刘长佑、两江曾国藩、云贵劳崇光、闽浙左宗棠、陕甘杨载福是也。巡抚曾国荃、刘蓉、郭松[嵩]焘,皆楚人也,可谓盛矣。至提镇两司,湖南北者,更不可盛数。曾涤生胞兄弟两人,各得五等之爵,亦二百余年中所未见。"③ 薛福成也说:"是时辅翊中兴者,如曾文正公(国藩)、胡文忠公(林翼)、江忠烈公(忠源)、罗忠节公(泽南)、李忠武公(续宾)、李勇毅公(续宜),以及今相国恪靖侯左公(宗棠)、巡抚威毅伯曾公(国荃)、前陕甘总督杨公(昌浚)、兵部侍郎彭公(玉麟),皆系楚材,可云极盛。"④ 这些执掌军政大权的湘人,多数并非出自科举正途,而是随着湘军兵威之盛而日跻高位。但是他们又非目不识丁的武夫,而是多出自岳麓、城南诸湖南书院的读书人。他们地位的升显,也使得湖湘书院凝聚权力的象征意义进一步凸现出来。

---

① 刘献庭:《广阳杂记》卷二,北京:中华书局,1957年,第67页。
② 王闿运:《郭新楷传》,《湘绮楼文集》卷五,清庚子(1908)丞阳刊本,第29页。
③ 张集馨:《道咸宦海见闻录》,北京:中华书局,1981年,第377页。
④ 薛福成:《日月合璧五星联珠之瑞》,《庸庵笔记》,南京:江苏人民出版社,1983年,第28页。

第二章 湖湘理学士人的集结

晚清湖湘理学群体是在湖湘理学士人交互往来的基础上形成的，他们通过广泛的私人联系形成了一个独特的联结体。因此如果我们仅仅对这一群体作属性的描述，生硬地概括出晚清湖湘理学群体的几个特征，就会使复杂的结构简单化。而采取社会网络的分析视角，把群体成员之间的关系看成是资源流动的渠道，将可以通过分析发现晚清湖湘理学群体是一个复杂的资源流动网络。

什么是网络？按照社会学家的定义，事物以及事物之间的某种关系构成一个网络。所谓事物既可以是自然界中的离散物质，也可以是具有象征意义的各种符号。基于此，社会网络指的就是社会行动者（social actor）以及他们之间的关系的集合。社会网络这个概念强调如下事实：每个行动者都与其他行动者有或多或少的关系。在这里，我们主要借用这个概念来分析晚清湖湘理学群体关系的结构，研究这种结构对群体功能或者群体内部个体的影响，揭示群体成员在其日常生活中的抉择对历史形成的巨大作用。

那么，晚清湖湘理学群体的成员如何确定？对于一个小型而又封闭的行动者群体来说，这个问题容易解决。而对于晚清湖湘理学群体这样一个大的行动者群体来说，很难确定行动者的边界（boundary）。所以我们只能根据行动者之间的关系密度来确定网络的界限。

一般来说，当我们说行动者之间存在某种关系（ties）的时候，"关系"常常代表的是关系的具体内容（relational content）

或者实质性的现实发生的关系。关系有许多种表现，行动者之间往往存在着"多元关系"。比如晚清湖湘理学群体的成员之间既存在着空间关联，如同乡关系；又存在着行为的互动关系，如朋友关系；往往还存在着正式关系（权威关系），如上下级关系；等等。而且关系是不断流动的，它总是处于动态之中，很多事件就在关系中发生。因此关系需要我们格外加以注意。

一个网络之所以区别于他者，首先需要考虑的一个因素是"关联性"（connection）。如果几个行动者之间相互联系很紧密，他们在网络中可能居于重要地位。而对于一个网络来说，如果其中的行动者之间都相互联系紧密，这样的网络可能具有较高的团结性。而关联性的疏密与否往往建立在大量因素的基础之上。家庭、朋友和同乡关系几乎总是能够极大地加强网络中的联系，而建立在这种具有浓郁地方文化色彩基础上的网络，通常比那些更高层次的网络来得更强、更持久。这也是晚清湖湘理学群体能够成功发挥作用的原因之一。因此，我们在研究晚清湖湘理学群体时，要清楚地意识到他们所具有的湖湘理学背景。一个强有力的背景意识不仅有助于我们理解这一特定网络的结构和特征，对于辨析他们的观点和思想都是至关重要的。

在社会网络中，与"关联性"密切相关的另一方面因素是行动者之间的"距离"。有的行动者可能与网络中的任何一个人都建立了联系，与其他人的距离都很近。有的人可能交往比较少，相对孤立一些。居于中心地位的行动者往往与他者有多种关联，居于边缘地位的行动者则并非如此。所以行动者越处于网络的中心位置，其影响力越大，从而拥有较大的权力。曾国藩之所以成为晚清湖湘理学群体的领袖人物，在很大程度上就是因为他越来越处于网络中心的位置，拥有较大的权力。

权力不是个体或者群体的特征，而是社会行动者之间的实存或者潜在的互动模式。任何对权力的界定都由如下两方面构成：

影响（influence）和支配（domination）。权力的影响维度是对决策者行使权力产生影响的社会能力，它存在于社会交往网络之中。只要某人收到他人的信息并且因此改变了自己的行动，影响就发生了。政治影响如果发生，则必须在行动之间建立可行的交往渠道，而且他们必须对政治话语有相同的理解。晚清湖湘理学群体的成员之间的相互影响往往就基于此。

权力的另外一个维度是支配关系。在这种关系中，一个行动者通过提供恩惠或者惩罚来控制另一个行动者，意志的行使意味着他人对你的屈服。所以，"支配关系"隐含着诸如强力、压制、控制以及暴力等"支配性力量"，这一关系在晚清湖湘理学群体的发展后期，也就是在建立湘军之后更为常见。

第一节 晚清湖湘理学群体的最初形成

对于晚清湖湘理学群体，王尔敏曾经作过一段精辟的论述："清代中叶道咸之际，外患内忧，历年频仍，自为丧乱动荡时期。但亦足锻炼人才，陶铸英豪，使一代俊杰脱颖而出。当时膺此世运者，适以湘军将帅最为显著，人才联翩而起，勋誉遍及全国，疆吏辈出，分据要津，荣戮纷陈，冠盖相望。可以一见一代盛况……虽然，世人所见，多在于后世之观成，而忽略创建之艰难。"[1] 事实上，后人忽视的不仅仅是湘军初建时的晚清湖湘理学群体，更易被略过不提的是湖湘理学群体最初的集结过程。不阐明这一过程，我们将无法解释为什么是他们在内忧外患的晚清崛起，而不是其他群体担当了这一角色。而要理解这一过程，我

---

[1] 王尔敏：《胡林翼之志节才略及其对于湘军之维系》，《中央研究院近代史研究所集刊》（台北）第7期，1978年6月，第159页。

们必须把主要的关注点放在他们的日常人生经历和交往过程上，因为他们的思想发展和行动正是来自于此。为了更鲜活的将晚清湖湘理学群体最初的集结过程呈现出来，我们首先从居于湖湘理学群体网络中心位置的曾国藩谈起。①

一、曾国藩与二仙的结识

"曾国藩固然是这批书生的核心人物，而刘蓉与嵩焘，实是他精神上的两大支柱，三人共事的时间虽不长，但情志始终相通，友谊也终身不渝。"② 韦政通的这一评价，堪称为论。因此，这里我们首先讨论曾国藩与刘蓉（号霞仙）、郭嵩焘（号筠仙）二仙的友谊。

曾国藩（1811—1872），原名子城，字居武，又字伯涵，号涤生，1811年11月26日（清嘉庆十六年十月十一日）出生于湖南省长沙府湘乡县白杨坪白玉堂（今属双峰县荷叶乡天坪村）。③ 据曾国藩自道家世，其远祖为曾参十五世孙，西汉末年"以关内侯南迁避王莽之乱"，成为南方诸曾之祖，先居江西一带，后分出一支迁往湖南衡阳，遂成为湖南曾氏的祖先。④ "国

---

① 王尔敏曾评价说："江、曾、胡、左四位领袖，构成湘系发展核心，自为事后可见之结果。实际湘军中其他人物，绝非毫不可能成为核心分子，然世势变化纷乘，人事际遇有别，战争酷烈，兵将出入白刃，身冒锋镝，不知使多少英雄豪杰饮恨而终。"（王尔敏：《湘军军系的形成及其维系》，《中央研究院近代史研究所集刊》（台北）第8期，1979年10月，第7页。）因此，并不是说曾国藩一开始就处于网络的中心位置，他在网络中的地位实际上也是逐步形成的。所以说从曾国藩谈起，并非认为曾国藩的核心地位是自来如此的，只是为了便于论述罢了。

② 韦政通：《中国十九世纪思想史》上册，台北：东大图书公司，1991年，第437页。

③ 曾国藩乳名宽一，派名传豫。1830年（清道光十年）去衡阳读书时取名子城，字居武。次年在涟滨书院读书期间改号涤生。"涤"即"涤其旧染之污"，"生"即"从前种种，譬如昨日死；从后种种，譬如今日生"。（曾国藩：《曾国藩全集·日记》（一），道光二十年四月廿二日，长沙：岳麓书社，1987年，第42页。）1838年（清道光十八年）中进士后改名国藩，取国之屏藩之意。

④ 曾国藩：《衡阳彭氏谱序》，《曾国藩全集·诗文》，长沙：岳麓书社，1986年，第288页。

初有孟学公者，始迁湘乡荷塘都之大界里，再传至元吉公，族姓渐多，资产渐殖，遂为湘乡人。"① 数百年来，湘乡曾家人多以务农为业，连半个秀才也没有出过，因此人数虽多，不过是寒门冷籍。1808年（清嘉庆十三年），曾国藩的祖父曾玉屏（号星冈）把家从大界里迁到白杨坪。白杨坪一带是丘陵山区，坐落在湘乡、衡阳两县之间的高嵋山下，距离湘乡县城一百二十里，虽然山清水秀，风景秀美，但是交通不便，消息闭塞，是一个贫穷荒凉的地方。曾家的家境最初也并不富裕，由于曾玉屏中年后在家乡父老的劝诱下幡然悔悟，一改少年时喜好游荡、不事生产的恶习，发愤图强，每日未明而起，亲自督率家人及长工将不易耕作的梯田填补成大块平整土地，耕田种菜，养鱼喂猪，彼此杂作，时刻不停，曾家的产业在他手上得到很大的发展。随着经济地位的提高，曾玉屏对乡里的公共事务日益热衷，并且经常教育自己的子孙说："君子居下，则排一方之难；在上，则息万物之嚣。"不过曾玉屏由于早年弃学，读书不多，虽然"声如洪钟，见者惮慑"，"悍夫往往神沮"，但是因为无学时常在人前遇尴尬之事，于是决心让自己的子孙上学读书，博取功名，以名正言顺地跻身士绅的行列。② 曾国藩的父亲曾麟书（字竹亭）身为曾玉屏的长子，虽然苦读多年，效果却不明显，参加了十七次童子试，直到四十三岁那年才考中秀才（仅早于曾国藩中秀才一年）。曾玉屏恨铁不成钢，因此对曾麟书"往往稠人广坐，壮声诃斥；或有所不快于他人，亦痛绳长子。竟日嗃嗃，诘责愆尤。"③ 对于祖父，曾国藩一直十分崇拜，他认为祖父雄伟异常，自己与弟弟曾国荃后来虽然位至督抚，同时封爵，但是"威重

---

① 黎庶昌：《曾国藩年谱》，长沙：岳麓书社，1986年，第1页。
② 曾国藩：《大界墓表》，《曾国藩全集·诗文》，第330页。
③ 曾国藩：《台洲墓表》，《曾国藩全集·诗文》，第332页。

智略"远远不如祖父。① 只是由于没有遇到机会,祖父才会终老山林,未能一展鹏云之志。祖父的音容笑貌、言行举止,对曾国藩性格的形成起着潜移默化的影响。曾国藩不仅自己在日常生活中模仿祖父,后来还经常教育自己的儿子们走路要稳,说话要慢。② 祖父经营产业时的殚思力行,训斥后辈时的声色俱厉,也都深深印在曾国藩的脑海之中。祖父常说的"以懦弱无刚四字为大耻","故男儿自立,必须有倔强之气",更成为曾国藩的座右铭。③ 所有这些,无不成为曾国藩后来始终坚持不懈的思想渊源,即使"打脱牙"也要"和血吞",决不轻言放弃。④

而父亲曾麟书对曾国藩的影响主要体现在督促曾国藩刻苦读书上面。曾麟书由于多年来蹉跎考场,自知仕进无望,遂"发愤教督诸子",将光大门楣的希望全部寄托在儿子身上。曾国藩后来回忆幼时随父读书的情形说:"国藩愚陋。自8岁侍府君于家塾,晨夕讲授,指画耳提,不达则再诏之,已而三复之;或携诸途,呼诸枕,重叩其所宿惑者,必通彻乃已。"⑤ 可见,曾父不仅自己读书进境很慢,教书也没有什么好办法,只会不断重复,用的是一股蛮力。不过,曾国藩资质较乃父为佳,这种笨办法,倒为曾国藩后来治学打下了扎实的基础。父祖两代或劲悍、或质实的性格特点,也都在曾国藩身上打下了或多或少的烙印。

到了曾国藩20岁那年,曾父已经41岁,可是还没有考中秀才。他生怕耽误儿子的前程,于是让长子曾国藩离家另求明师。

---

① 曾国藩:《大界墓表》,《曾国藩全集·诗文》,第331页。
② 曾国藩在给儿子的信中写道:"言语迟钝,举止端重,则德进矣"(曾国藩:《谕纪泽》(同治元年四月初四日),《曾国藩全集·家书》(二),长沙:岳麓书社,1985年,第820页),"尔近日走路身体略觉厚重否?说话略觉迟钝否?"(曾国藩:《谕纪泽纪鸿》(同治元年十月二十四日),《曾国藩全集·家书》(二),第895页)。
③ 曾国藩:《致沅弟》(同治三年六月十六日),《曾国藩全集·家书》(二),第1139页。
④ 曾国藩:《致沅弟》(同治五年十二月十八日),《曾国藩全集·家书》(二),第1309页。
⑤ 曾国藩:《台洲墓表》,《曾国藩全集·诗文》,第331页。

曾国藩先是就读于衡阳唐氏家塾，次年又求学于湘乡涟滨书院。涟滨书院始创于南宋，是张栻的学生周奭传播湖湘理学的讲学之地，历元、明、清三代，始终办学不辍。清乾隆年间，清政府又对涟滨书院加以扩建，"中为春风堂，旁列学舍三斋，前为龙门，左立学舍，门右为考棚"[①]，使涟滨书院的规制更为完备，同时也进一步强化了朱学对湖湘学的整合。而涟滨书院规模的扩大，也为更多的湖湘士人提供了入学的机会，从这个意义上说，湖湘学借助官学的势力也传播得更广泛了。曾国藩在这所书院读书，一方面是为了准备科举考试，另一方面也得以"仰企前贤，远绍遗绪"[②]，受到朱、张精神强烈的感召。虽然此时曾国藩对今后治学的方向还没有明确的打算，但是朱张学统打在曾国藩身上的烙印无疑已经挥之不去了。

1833年（清道光十三年），23岁的曾国藩考中秀才后，为了在学业上更上一层楼，又来到湖南省城长沙就读于岳麓书院。岳麓书院作为湖南的最高学府，早已成为湖湘学统的象征，朱张学统在这里具有强大的精神权威，对院中诸生的感召比其他书院更为强烈。曾国藩求学岳麓之时，书院的山长是欧阳厚钧。欧阳厚钧（1766—1846），字福田、号坦斋。湖南安仁人。他1789年（清乾隆五十四年）至1791年（清乾隆五十六年）就读于岳麓书院，从学于当时的山长、理学家罗典。1799年（清嘉庆四年），欧阳厚钧考中进士，曾任郎中、御史等官职，后以母老告归，自1818年（清嘉庆二十三年）起，至1844年（清道光二十四年）主讲岳麓书院前后达27年。欧阳厚钧继承和发扬了岳麓书院长期以来重视将性理哲学与经世致用相结合的传统，提倡所谓的"有体有用之学"、"义理经济之学"，号召学生在致力于

---

① 齐德五修、黄楷盛纂：《学校志》，《湘乡县志》卷四上，清同治十三年（1874）刊本，第21—22页。

② 齐德五修、黄楷盛纂：《学校志》，《湘乡县志》卷四上，第22页。

心性修养的同时，研讨礼、乐、兵、农等实学，对曾国藩理学经世思想的形成产生了很大的影响。

在岳麓书院学习期间，曾国藩还结识了自己生命中的第一知己——刘蓉。① 刘蓉（1816—1873），字孟容，号霞仙。湖南湘乡人。据刘蓉自道家世："刘氏世居江西南丰县，自爵生公迁湘而后迄今千有余年"②，所以刘蓉的先祖与曾国藩的祖先一样也是从江西迁到湖南的移民。曾国藩自称"家世寒素"，"少年故交，多非殷实之家"③，刘蓉的家世也是如此，与曾家的经济条件大致相当。刘蓉祖父刘灿华，为湘乡刘氏族首。④ 父亲刘振宗，"恢奇有才识"⑤，对子孙的教育也不同俗流。刘蓉生于1816 年 5 月 19 日（清嘉庆二十一年四月二十三日），是刘振宗的长子。他少有才名，"博通经史，为文宏宕，有奇气"⑥，从少年起对科举功名就不太感兴趣。终刘蓉一生，仅于 1851 年（清咸丰元年）在湘乡县令朱孙诒的督促下参加了一次科举考试，得中秀才，正可验证这一点。一般来说，湖湘士人虽然常常抨击

---

① 刘蓉《寄怀曾涤生侍郎》诗云："忆昔识面初，维时岁癸巳"，"明岁鹿鸣秋，捷足先群辈，归来访旧游，邂逅成嘉会"。（刘蓉：《养晦堂诗集》卷一，清光绪丁丑（1877）思贤讲舍刊本，第 7 页。）又，刘蓉为曾国藩挽歌："海内论交我最先"，"识面从初岁属蛇"。（刘蓉：《曾太傅挽歌百首》，《养晦堂诗集》卷二，第 24、25 页。）可见，曾刘初见于 1833 年（清道光十三年）。黎庶昌《曾国藩年谱》道光十四年条则称"是岁始见刘公蓉于朱氏学舍，与语大悦，因为留宿乃别"（黎庶昌：《曾国藩年谱》，第 4 页），可能是根据曾国藩《答李生》："我年廿四登乡贡，始与刘蓉相追陪。"（曾国藩：《曾国藩全集·诗文》，第 66 页。）此处采信刘蓉的说法。
② 刘蓉：《刘氏鹤公房支谱序》，《养晦堂文集》卷二，清光绪丁丑（1877）思贤讲舍刊本，第 18 页。
③ 曾国藩：《与刘蓉》（咸丰二年十月），《曾国藩全集·书信》（一），长沙：岳麓书社，1994 年，第 91—92 页。
④ 罗泽南：《刘公灿华先生墓志》，《罗山遗集》卷八，清同治二年（1863）长沙刊本，第 6 页。
⑤ 郭嵩焘：《陕西巡抚刘公墓志铭》，《郭嵩焘诗文集》，长沙：岳麓书社，1984 年，第 391 页。
⑥ 《罗忠节公年谱》卷上，清同治二年（1863）长沙刊本，第 8 页。

科举俗学，但往往是一边抨击，一边应考。比如罗泽南就一方面批判科举制，说"学问不缘科举重，经纶当自性天敷"①，另一方面却锲而不舍地参加科举考试，在"七应童子试不售"② 之后，终于以郡试第一名考取秀才。像刘蓉这样自少年起就不事科举者，倒也少见。推其原因，可能与刘蓉家道小康，不需要博取功名养家糊口有关，更重要的原因则是，刘蓉也许认为即使高中，对自己经世抱负的实现并无多大帮助。因为当时国家承平已久，湖湘士人虽然经世传统绵延不绝，但是多年来鲜有用武之地。刘蓉在致家乡前辈贺长龄③的一封信中曾经这样写道："近世士大夫酣于势位，足已自贤，自公卿以下，不闻礼贤下士之风，而士之自重有耻不求闻达者，亦宁韬光匿迹而不屑枉道以求知，盖上下之无交非一日矣。"④ 由此可知刘蓉淡于科举的原因，也可知刘蓉之隐在于韬光养晦，如果有经世良机，他也不会峻拒。对于儿子不喜科举，刘振宗一向抱着理解的态度，并无不满。据郭嵩焘说，太平天国起义爆发之前，刘振宗曾经私下里对曾国藩的弟弟曾国荃说："天下之乱已兆，无有能堪此者。其吾涤生乎？君与湘阴郭君（案：指郭嵩焘）及吾家阿蓉，皆中兴之资也。"⑤ 可见，刘振宗也是一个经世意识很强的人。

刘蓉到岳麓书院读书之时年仅18岁，目的是为了读书求道，

---

① 罗泽南：《石鼓书院怀古》，《罗山遗集》卷二，第6页。
② 《罗忠节公年谱》卷上，第9页。
③ 贺长龄（1785—1848），字藕耕，又作藕庚，号西涯，晚年自号耐庵，又号啬缺叟。湖南长沙人。1806年（清嘉庆十一年）进入岳麓书院学习，师从罗典。1808年（清嘉庆十三年）中进士，朝考改翰林院庶吉士，散馆，授编修。曾任江苏布政使、贵州巡抚、云贵总督等职。在任期间大力推行实政：兴文教、建义学、种桑棉、劝耕织，促进生产发展；勤吏治、惩土豪、禁鸦片、改风俗，安定社会秩序。后因镇压回民人民起义不力被革职。曾国藩、左宗棠、胡林翼、刘蓉、罗泽南等人都曾与贺长龄论学，并受到他的影响。
④ 刘蓉：《上贺藕耕先生书》，《养晦堂文集》卷四，第34页。
⑤ 郭嵩焘：《陕西巡抚刘公墓志铭》，《郭嵩焘诗文集》，第391页。

"取友四方"①。对于刘蓉来说,岳麓书院正是他磨砺自己治世之剑的最佳选择。因此,少年老成、胸怀大志的刘蓉,与行为简朴内敛、处事精细笃实的曾国藩,很是投缘,从此成为知交好友。曾国藩《寄怀刘孟蓉》诗云:"昔者初结交,与世固殊辙。垂头对灯火,一心相媚悦。"② 可见曾、刘交情之深厚。就常情而言,少年时的友谊最真诚,但是也往往由于日后思想的发展变化而变得疏远,甚至分道扬镳,形同末路。而曾国藩与刘蓉,既属少年至交,更重要的是,两人的思想主张也很有相契之处。对于刘蓉,曾国藩曾经评价说"吾友刘君孟蓉,湛默而严恭,好道而寡欲"③,很能抓住刘蓉的性格与思想特点,可见二人的确相知相惜。

曾国藩在岳麓书院学习了大约一年左右,1834年(清道光十四年)肄业之后,参加乡试,考取了第三十六名举人。曾国藩乡试中式,欢喜不已。刘蓉对科举虽然兴趣不大,也不禁替好友高兴。于是二人以酒相庆,大醉三日。曾国藩去世后,刘蓉为曾国藩作挽歌百首,其六云:"棘闱战罢夺标回,倾盖殷勤及早梅。一话彻宵三日醉,洛阳真见二鸿来。"④ 即记此事。

乡试过后,紧接着就是会试。是年冬天,曾国藩为参加会试离乡入京,刘蓉也赶来为其送行。"镇湘城畔送行舟,驻马荒祠话别愁"⑤,二人依依惜别,充满了离愁别绪。

1835年(清道光十五年),曾国藩第一次参加会试,结果应试不第。虽然如此,这次来京还是让自幼生长在偏远山村的曾国藩长了不少见识,于是他选择了"留京师读书,研究经史"⑥,

---

① 刘蓉:《秦鹤仙家传》,《养晦堂文集》卷九,第29页。
② 曾国藩:《寄怀刘孟蓉》,《曾国藩全集·诗文》,第8页。
③ 曾国藩:《养晦堂记》,《曾国藩全集·诗文》,第222页。
④ 刘蓉:《曾太傅挽歌百首》,《养晦堂诗集》卷二,第25页。
⑤ 刘蓉:《曾太傅挽歌百首》,《养晦堂诗集》卷二,第25页。
⑥ 黎庶昌:《曾国藩年谱》,第4页。

以待来年恩科。次年恩科落榜后，曾国藩由于手头无钱，无法继续在京读书，只好向同乡易作梅借了路费南归返乡。归乡途中，曾国藩在南京看见一套心仪已久的二十三史，这可是在湘乡小城买不到的成套好书。于是，曾国藩将所借的路费悉数购书，并将衣服典当了出去。次年春，曾国藩携书回到家中，每日研读二十三史，"侵晨起读，中夜而休，泛览百家，足不出户者几一年。"① 可见，曾国藩虽然急于科举，"锐志功名"②，但是并没有因为落榜而将精力全部投入到科举俗学中去，而是广泛涉猎，以史为鉴。如前所述，深受湖湘学重践履思维熏陶的湖湘士人，与正统思维虽然并非格格不入，但是与悬为科举功令的朱学正统模式还是多有区别，从科举之途尚称顺利的曾国藩身上也可以多少看出些许端倪。

在这次回乡途中，经刘蓉介绍，曾国藩还和与刘蓉同在岳麓书院学习的郭嵩焘订交，三人在长沙相聚近两个月才依依惜别。郭嵩焘（1818—1891），乳名龄儿，原名先杞，字伯琛，号筠仙（又作云仙、芸仙、筠轩、仁先），别号玉池山农，晚号玉池老人。因筑室"养知书屋"，学者又称"养知先生"。湖南湘阴人。据《湘阴郭氏家谱》，郭嵩焘的先祖可以追溯到唐代大将郭子仪的六世孙、南唐广国公郭晖。时郭晖居于吉州（今江西吉安），其后人郭姚山在明万历年间辗转迁到湖南湘阴县城。③ 郭姚山"四传至应魁，应魁生遇贤、遇豪、遇杰……遇贤、遇杰分居城南、城西，因称城南郭氏、城西郭氏。"④ 清朝的湘阴县属长沙府管辖，位于洞庭湖南面，距长沙府一百二十里，交通相当便

---

① 黎庶昌：《曾国藩年谱》，第4页。
② 刘蓉：《与曾伯涵郭伯琛书》，《养晦堂文集》卷三，第17页。
③ 郭嵩焘：《叙》，《湘阴郭氏家谱》卷首，清咸丰七年（1857）储芳堂刊本，第1页。
④ 郭嵩焘：《氏族表下》，《湘阴县图志》卷十八，清光绪六年（1880）县志局刊本，第7—9页。

利，北有汨罗江，即屈原自沉之处；南有恋藤港、杨子港，皆可登舟；东有玉池山，峰插天表，郭嵩焘曾于此地避难，别号玉池即取此意；西有湘江，1818 年 4 月 11 日（清嘉庆二十三年三月初七日），郭嵩焘即生于湘江之畔的城西郭家。城西郭家"本为巨富"，郭嵩焘的祖辈亦有人在朝为官，因"道光辛卯以后，连年大潦"，田地被水淹没，郭家的家道才日趋衰落。[①] 但是郭嵩焘的父亲郭家彪（字春坊）对家境越来越虚乏"夷然，不为有亡顾虑。亲故假贷，每盈其意。或他人相称贷，要君一言为质，及期，责偿于君，辄量偿之"[②]，以致郭家困窘，"至不能举餐"[③]。所幸郭家的三个儿子嵩焘、崑焘、崙焘都很有才学，特别是郭嵩焘更是才华出众。[④] 他们的堂伯父郭家陶曾经评价郭嵩焘说："龄儿遇事恂恂，独其读书为文，若猛兽鸷鸟之发，后来之英，无及此者，虽少，然观其志意，无几微让人，岂徒欲为诸生之雄哉？"[⑤] 这一评价虽然包含着对自家子侄的鼓励成分，但还是非常贴切的。考诸郭嵩焘的一生，的确是才华横溢，时发惊

---

① 郭嵩焘：《玉池老人自叙》，清光绪十九年（1893）养知书屋刊本，第 34 页。
② 曾国藩：《湘阴郭府君暨张安人墓志铭》，《曾国藩全集·诗文》，第 234 页。
③ 郭嵩焘：《郭嵩焘诗文集》，第 501 页。
④ 郭崑焘（1823—1882），原名先梓，字仲毅，又字意城，晚号樗叟。早年肄业于岳麓书院。1852 年（清咸丰二年）与左宗棠共赴张亮基幕府，后来又同为继任湖南巡抚骆秉章礼聘。1860 年（清咸丰十年）左宗棠离开湘幕后，郭崑焘仍然留在湖南，为历任湖南巡抚毛鸿宾、恽世临、刘崑所倚重。湖南之成为湘军兵源及粮饷的主要基地，郭崑焘功不可没。所以郭嵩焘曾评价他"以身任湖南安危二十余年"。（郭嵩焘：《樗叟家传》，《郭嵩焘诗文集》，第 372 页。）郭崙焘（1827—1880），字叔和，又字志城，号蛰叟。好经世之学，历届湖南巡抚多引以为助。左宗棠曾评价郭氏三兄弟说："谓德，则公兄弟自一而二而三，以天定之序为定；谓才，则公兄弟自三而二而一，以人事自下而上也。"（胡林翼：《致郭蛰叟》（咸丰八年十二月二十四日），《胡林翼集》（二），长沙：岳麓书社，1999 年，第 206 页。）此处之才，当指才干，而非才华。郭嵩焘自己也说："顾念吾兄弟三人，皆稍能读书求有用之学。吾性下急，于时多忤。意城稍稍能通方矣，而怀敛退之心，履贞介之节，终不肯一试其用。君（案：指郭崙焘）独以才自喜，乐以其心与力推而致之于人，而亦终身望见仕宦夔夔然去之。"（郭嵩焘：《蛰叟〈萝华山馆遗集〉序》，《郭嵩焘诗文集》，第 64 页。）从中可以想见郭氏三兄弟的风采与性情。
⑤ 郭嵩焘：《伯父云舫公墓表》，《湘阴郭氏家谱》卷八，第 15 页。

人之议，可惜行政能力较为欠缺，为官处处扞格，做事善始不能善终。

郭嵩焘与曾国藩相遇之时，年方19岁，却早已于上一年考中秀才，在湘阴县颇有文名。为考举人，郭嵩焘来到岳麓书院进修，谁知却在此与不以科举为意的刘蓉交好，并因此与刘蓉的好友曾国藩订交。曾国藩比刘蓉大五岁，比郭嵩焘大七岁，成熟稳重，学问根底较深，是三人中的老大哥，犹为年少的郭嵩焘所依恋。三人从探析哲理，到互勉学业，再到修身自律，由朋友，而知己，而兄弟，随着时间的推移日益融入彼此的生命中去。因此，这段因缘直到晚年，郭、曾、刘三人依旧津津乐道，鲜活的记忆，并未因悠长的岁月而有丝毫褪色。对此，郭嵩焘在《玉池老人自叙》中，曾有这样的记载："初游岳麓，与刘孟容中丞交莫逆，会曾文正公自京师就试归道长沙，与刘孟容旧好，欣然联此，三人偲居公栈，尽数月之欢，怦怦然觉理解之渐见圆融，而神识之日增扬诩矣……此皆二十余年事也，已晓然知有名节之说，薄视人世功名富贵，而求所以自立。数十年出处进退，以及辞受取与，一皆准之以义，未尝稍自贬损。于人世议论毁誉，一无所动于其心。"① 直至临终，郭嵩焘犹有枕上诗云："及见曾刘岁丙申，笑谈都与圣贤邻。两公名业各千古，孤负江湖老病身。"② 将曾国藩、刘蓉作为自己一生中最重要的两个朋友。而曾国藩在《寄怀刘孟容》中也写道："可怜郭生贤，日夜依我囷。三子展殷勤，五旬恣猖獗。自从有两仪，无此好日月。"③ 曾国藩殁后，刘蓉为作挽歌百首，其八云："林宗襟度故超群，春雨长沙共五旬。信是蓬壶好日月，德星聚处复三人。"并自注："道光丙申春，予与公及今郭筠中丞同寓会城近两月，聚谈

---

① 郭嵩焘：《玉池老人自叙》，第34页。
② 郭嵩焘：《枕上作》，《郭嵩焘诗文集》，第792页。
③ 曾国藩：《寄怀刘孟容》，《曾国藩全集·诗文》，第9页。

极欢。后公在京师，有诗及之云：'自从有两仪，无此好日月'，盖叹盛会之不可常也。"①可见三人交往之深，相互间皆莫逆于心。

1837年（清道光十七年），曾国藩去浏阳考察古乐，途经长沙，与郭嵩焘、刘蓉再度相聚。当时适逢鸟语花香的春天，三人"相见欢甚，纵谈今古，昕夕无间。"②因为相聚时间无多，又大有盛会难再之感。刘蓉在《寄怀曾涤生侍郎》诗的第五首中，对三人间这次聚会充满着留恋："酉年会长沙，欢怀及春盛。郭君复鼎来，心期得双莹。万古此良时，千金酬一咏。此乐复何年？盛事难为更。"③后来在复曾国藩的信中，刘蓉又写道："回忆酉年聚首，此境宁可复耶？"④在复郭嵩焘的信中，刘蓉也说："三十年前，君与涤公及吾三人者，雅志相期，孤芳自赏……两三年间，或者先后联翩，竟践酉年之约，谈道著书，岂非大快。"⑤而曾国藩的诗句中对刘蓉、郭嵩焘也充满了怀念："日日怀刘子，时时忆郭生。仰天忽长叹，绕屋独巡行。"⑥

这次聚会，三人相聚月余，又一次依依惜别，曾国藩前往浏阳，郭嵩焘去参加乡试。在此次乡试期间，郭嵩焘又结识了新宁考生江忠源。江忠源（1812—1854），字常孺，号岷樵。湖南新宁人。江氏祖居江西，宋度宗时迁到湖南新化，后来又迁居新宁杨溪村，遂为新宁人。江家家境富饶，江忠源父亲江上景，就曾捐资为贡生。江忠源生于1812年8月1日（清嘉庆十七年六月

---

① 刘蓉：《曾太傅挽歌百首》，《养晦堂诗集》卷二，第25页。
② 黎庶昌：《曾国藩年谱》，第4页。关于曾、郭、刘第二次长沙相会，《曾国藩年谱》道光十七年条系于曾国藩浏阳之行后，而郭廷以《郭嵩焘先生年谱》道光十七年条订正为浏阳之行前。又，《曾国藩年谱》说"适刘公蓉与湘阴郭公嵩焘均在省城应试"不确，刘蓉其时尚未中秀才，何谈应省试。
③ 刘蓉：《寄怀曾涤生侍郎》，《养晦堂诗集》卷一，第7页。
④ 刘蓉：《与曾涤生检讨书》，《养晦堂文集》卷四，第17页。
⑤ 刘蓉：《复郭筠仙中丞书》，《养晦堂文集》卷七，第29页。
⑥ 曾国藩：《得郭筠仙书并诗却寄六首》，《曾国藩全集·诗文》，第70页。

二十四日），他"猿臂长身，目奕奕有神"①，"豁朗英峙"②，"少时游于博，屡负，至褫衣质钱为博资，间亦为狭斜游，一时礼法之士皆远之"③，后来在家乡父老的敦促下，"刻意问学，以名节自砥砺"④，"读书究心经世学，不屑为章句。"⑤ 自这次偶然相识后，郭、江二人便书信往来不绝。及至榜发，两人同时中举。好友之情加上同榜之谊，关系自是不同寻常。江忠源的家乡新宁"僻在楚南、黔、粤之交，巨岭层峦，穹窿杂袭，郁挠而不得少舒。自古未闻伟人杰士出于其间，亦乏甲乙科第"⑥，"清代向无捷乡试者，迨丁酉科江忠源以拔贡中式，人谓之破天荒。"⑦ 所以中举后，江忠源名气日增，虽然后来屡次参加会试都没有考中进士，还是被看作是新宁当地最有影响力的士绅之一。

乡试中式后，郭嵩焘与曾国藩赴京参加会试。首次参加会试的郭嵩焘在1838年（清道光十八年）的会试中名落孙山。而第三次参加会试的曾国藩，则于是科中第三十八名进士，殿试取三甲第四十二名，赐同进士出身，朝考一等第三名，道光帝亲拔曾国藩为第二名，选翰林院庶吉士。是年秋，曾国藩"请假出都，与凌公玉垣、郭公嵩焘偕行。"⑧ 途径湖北安陆时，遇到大风，吹翻了许多小船，唯独曾、郭所乘之舟，安然无恙。年方二十八岁的新科进士曾国藩为此欣幸不已，颇有吉人自有天相之感，多

---

① 郭嵩焘：《赠总督安徽巡抚江忠烈公行状》，《郭嵩焘诗文集》，第349页。
② 曾国藩：《江忠烈公神道碑》，《曾国藩全集·诗文》，第284页。
③ 欧阳兆熊、金安清：《英雄必无理学气》，《水窗春呓》，北京：中华书局，1984年，第13页。
④ 左宗棠：《江忠烈公行状》，《左宗棠全集·家书·诗文》，长沙：岳麓书社，1987年，第301页。
⑤ 朱孔彰：《中兴将帅别传》，长沙：岳麓书社，1989年，第32页。
⑥ 曾国藩：《新宁刘君墓碑铭》，《曾国藩全集·诗文》，第295页。
⑦ 徐凌霄、徐一士：《曾胡谈荟》，《国闻周报》第6卷，第27期。
⑧ 黎庶昌：《曾国藩年谱》，第5页。

年后还在日记中记下此事。① 想必郭嵩焘在会试不中之后经此风波,多少也会有些大难不死必有后福的心理暗示。

次年初,曾国藩抵家,专程去乐善里看望了家居的好友刘蓉,论学、下棋、做诗,不拘形迹。② 此后,二人虽然一在京师,一居乡野,相见的机会很少,"仅以书问劳遗"③,但是并没有影响他们之间友谊的进展,情谊随着时间的推移更胜从前。郭嵩焘自京返家后,也于除夕写了一首《除夜寄怀曾伯涵兄刘孟容兄》,对曾国藩考中进士羡慕不已:"曾君志方强,高轩奉朝请。"好友的高中益发显示出自己会试失败的落寞,这时唯有淡视功名的刘蓉能给他以安慰:"刘生方苦吟,汲水依故井。以书来慰藉,藉席得安寝。"④

与刘蓉长居乡间不同,郭嵩焘与曾国藩在1839年(清道光十九年)底,再度北上赴京。⑤ 次年曾国藩散馆,列二等第十九名,授翰林院检讨,秩从七品。而郭嵩焘在第二次会试中又一次落榜。在此期间,曾国藩突然得了急病,几乎一病不起,幸亏郭嵩焘与湖南湘潭举人欧阳兆熊⑥悉心照顾,才免于一死。曾国藩病情好转以后,郭嵩焘决意离开京城,因为这时郭嵩焘的家中已经异常困窘,以至于在京的所有花销只能赖曾国藩来周济。恰于此时,新上任的浙江学政罗文俊托人在京招聘幕僚,郭嵩焘闻讯后马上应召。所以曾国藩诗有"一病多劳勤护惜,嗟君此别太

---

① 曾国藩:《曾国藩全集·日记》(二),同治五年七月十五日,长沙:岳麓书社,1987年,第1284页。
② 曾国藩:《曾国藩全集·日记》(一),道光十九年二月二十一、二十二日,第8页。
③ 曾国藩:《刘母谭孺人墓志铭》,《曾国藩全集·诗文》,第226页。
④ 郭嵩焘:《除夜寄怀曾伯涵兄刘孟容兄》,《郭嵩焘诗文集》,第565页。
⑤ 曾氏有"郭生随我行,再踏长安雪"之句。(曾国藩:《寄怀刘孟容》,《曾国藩全集·诗文》,第97页。)
⑥ 欧阳兆熊,字晓岑。湖南湘潭人。清道光十七年(1837)举人,懂医术。与曾国藩、罗泽南、江忠源、刘蓉等人相交,著有《水窗春呓》一书,对与众人交往事宜,多所记述。

匆匆"① 之句。

二、曾、左、胡的早年交往

谈及同治中兴名臣,世人每以曾国藩、左宗棠、胡林翼并称,并以"曾国藩为首脑人物,胡林翼为灵魂人物"②。胡林翼(1812—1861),字贶生,一字润芝。湖南益阳人。胡氏于元武宗时自江西泰和县迁到湖南宁乡,"六传至思敬,徙益阳十九里泉交河之长冈村,遂为益阳县人。"胡林翼祖父胡显韶为县学生,《湖南通志》称其"孝友性成,博涉经史,与从弟显璋分教里中子弟,以身体力行为主。"③ 父亲胡达源,为1819年(清嘉庆二十四年)探花,官至詹事府少詹事,学宗宋儒。胡林翼出生于1812年7月14日(清嘉庆十七年六月六日),其时,胡达源正读书于岳麓书院,师从理学家罗典。胡林翼自幼颖慧,秉承家学,少年时即由父亲授以性理诸书。8岁时被经世能员陶澍④

---

① 曾国藩:《寄郭筠仙浙江四首》,《曾国藩全集·诗文》,第78页。
② 王尔敏:《胡林翼之志节才略及其对于湘军之维系》,《中央研究院近代史研究所集刊》(台北)第8期,1979年6月,第159页。
③ 梅英杰:《胡林翼年谱》,见《湘军人物年谱》(一),长沙:岳麓书社,1987年,第193页。
④ 陶澍(1779—1839),字子霖,号云汀。湖南安化人。嘉庆七年进士,后历任编修、御史、给事中、山西按察使、安徽布政使、江苏巡抚、两江总督。他的经世思想及成就对当时和后世均影响深远,清末清流派代表张佩伦对此有如下评论:"道光来人才,当以陶文毅(澍)为第一,其赏约分三派:讲求吏事,考订掌故,得之者在上则贺耦庚(长龄),在下则魏默深(源)诸子,而曾文正(国藩)集其成;综核名实,坚卓不回,得之者林文忠(则徐)、蒋砺堂(攸铦)相国,而琦善窃其绪以自矜;以天下为己任,包罗万象,则胡(林翼)、曾(国藩)、左(宗棠)直凑单微。"(张佩伦:《涧于日记》己卯下,丰润涧于草堂石印本,第32页。)

看中，招为女婿。胡林翼所拜师贺熙龄①、蔡用锡②也都十分讲求经世致用。受他们的影响，胡林翼自少即有经世之志。胡林翼二十岁时，在给祖父的家书中就写道："秀才便当以天下为己任，此一腔恻隐之心，越读书越忍不住，况孙素以安民利物为志者。"③不过，因为家庭条件比较优越，胡林翼自幼便养成负才傲物、挥金如土的习性，"有公子才子之目，颇豪宕不羁"④，"在江南幕中，常恣意声妓。"⑤为此，胡林翼的岳父陶澍花费了不少心思，才将胡林翼引上正途。胡林翼自己在给父亲的家信中就说：陶澍公事之余，"辄与男长谈。岳丈胸中本极渊博，加以数十年来宦途阅历，上下古今，融会贯通，每及一事，旁证曲引，判断洞中窍要，于男进益，非浅鲜焉。"⑥可见，胡林翼受陶澍的影响之深。

与晚清湖湘理学群体中的其他成员相比，胡林翼的科举之路比较顺利。他与曾国藩同样参加了1836年（清道光十六年）的丙申恩科。是科，曾国藩未中，胡林翼则中第七十四名进士，殿试二甲第二十九名，朝考名列第九名，改翰林院庶吉士。曾、胡二人同为湖南举子，同赴礼部会试，想来当有谋面的机会与可能。虽然二人相识的确切时间有待考证，不过，有一点却可以推定，二人之间的初步接触，最迟也不会晚于1838年（清道光十

---

① 贺熙龄（1788—1846），字光甫，号蔗农。湖南长沙人。1814年（清嘉庆十九年）进士。长期执教城南书院，所著《寒香馆文钞》颇切于时政。与其兄贺长龄共倡湖南经世致用之风，故"张文襄之洞、夏震武灵峰论述湘学，咸以二贺为正宗"。（李肖聃：《二贺学略第十二》，《近百年湖南学风·湘学略》，第171页。）

② 蔡用锡，字云帆。湖南益阳人。嘉庆时拔贡。蔡用锡早年不得志于科名，遂客游天下。道光年间，曾主讲广西道香书院与辰州虎溪书院，"教人务为有用之学，不专重文艺，而于兵略、吏治尤所究心"（梅英杰：《胡林翼年谱》，见《湘军人物年谱》（一），第198页），其弟子如劳崇光、唐际盛皆以经世著称。后来，蔡用锡由胡林翼疏荐，从石门县教谕升至内阁中书。

③ 梅英杰：《胡林翼年谱》，见《湘军人物年谱》（一），第199页。

④ 徐宗亮：《归庐谈往录》卷一，清光绪十二年（1886）刊本，第4页。

⑤ 萧一山：《清代通史》第3册，北京：中华书局，1986年，第736页。

⑥ 胡林翼：《呈父达源公》（道光十二年五月二十八日），《胡林翼集》（二），第1025页。

八年）曾国藩入翰苑。是年，胡林翼散馆，授翰林院编修。同为湘人，同居翰苑，胡居前辈，曾为后进，按当时礼仪，礼当主动拜访前辈，可无疑义。检曾国藩《日记》，知胡林翼父亲胡达源于1841年（清道光二十一年）春逝世，曾国藩次晨即得到消息，并前往吊唁，为作诔词，以表哀挽。后来，曾国藩还亲访胡林翼，问其扶柩归葬事宜，胡林翼则以《陶文毅全集》为赠。胡林翼扶柩出京时，曾国藩又与众乡人送别于东珠市口。①

曾、胡早年交往，大致如此。虽然因为同居翰苑而有很多机会交往，但是并无心心相印之感。不像胡林翼、左宗棠之间相见莫逆，情意投洽。

胡、左初识于1833年（清道光十三年）。是年，尚未考中秀才的翩翩公子胡林翼入京省侍父亲胡达源，与首次进京参加会试的本省公车举子左宗棠相识。左宗棠（1812—1885），字季高，一字朴存，自号湘上农人。湖南湘阴人。左宗棠的祖辈自南宋由江西迁至湖南后，世居湘阴。左家在当地算得上是有一定声望的大家族，"先世耕读为业，以弟子生员附郡县学籍者凡七辈"②，可谓书香门第。左宗棠这一支居于湘阴县东乡左家塅（今湘阴县金龙乡新光村），是一个交通便利、信息灵通的地方。左宗棠的祖父左人锦，字斐中，是国子监生，以"律躬之严，闲家之肃，敦睦家族推济乡里"③ 而名扬乡里。父左观澜，字晏臣，为县学廪生，以授徒为业前后二十余年，"教人为文必依传注诠经旨。"④ 1812年11月10日（清嘉庆十七年十月初七日），左宗棠就生在这样一个以耕读传家的寒素之家里。是年，其父正

---

① 参见曾国藩道光二十一年五月二十四日，六月初二日、十六日、十七日，七月十三日，八月初三日日记。
② 左宗棠：《〈钱南园先生文存〉序》，《左宗棠全集·诗文·家书》，第266页。
③ 贺熙龄：《左斐中像赞》，《寒香馆文钞》卷一，清道光二十八年（1848）刊本，第11页。
④ 左宗棠：《长沙徐君墓表》，《左宗棠全集·诗文·家书》，第340页。

读书岳麓书院,与胡林翼之父胡达源为同窗好友。① 左宗棠出生之时,左家已经相当困窘。左母年近四十,乳水不足,又没有余钱雇佣奶妈,只好以米汁喂养左宗棠。由于营养不足,左宗棠幼时常常患病,身体瘦弱,肚脐凸出。对于家中早年的贫苦状况,左宗棠后来在写给儿子的信中常常述及。他说:"吾家本寒素,尔父生而吮米汁,日夜啼声不绝,脐为突出,至今腹大而脐不深。吾母尝言育我之艰、嚼米为汁之苦,至今每一念及,犹如闻其声也。"② 虽然家中贫寒,但是左家耕读传家之风始终不辍。作为家中最小的儿子,左宗棠与两位哥哥一样,自幼随父读书。③ 其父左观澜蹉跎乡试多年,始终未考中举人,于是就将希望寄托在儿子们身上,"教人循循善诱,于课子尤严"④,"每命题,必令先体会《大注》(四书章句集注),一字不许放过。"⑤ 后来因长子左宗械早逝,左父对儿子们的督促较前放松。⑥ 因此,除了熟读理学经典以外,左宗棠兄弟还有机会间读史书。左宗棠"自童儿时,即知慕古人大节。稍长为壮语,视天下事若

---

① 左宗棠《祭胡文忠公文》云:"我生于湘,公产于资,岁在壬申,夏日、冬时。詹事、文学,读书麓山,两家生子,举酒相欢。"(左宗棠:《左宗棠全集·诗文·家书》,第385页。)
② 左宗棠:《与孝威》(同治三年),《左宗棠全集·诗文·家书》,第88页。
③ 左宗棠兄弟三人,长兄宗械(字伯敏)早逝。次兄宗植(1804—1872),字仲基,一字景乔,号珠岭樵夫。左宗植擅长诗古文,著有《慎盦诗文抄》,在湖南颇有文名,与邵阳魏源、郴州陈起诗、益阳汤鹏并称"湖南四杰"。左宗植不仅精于实学,曾考订《开元占经》,还留意实政,担任内阁中书时,"祁文端公夔藻掌军机,深信其言。大学士赛尚阿视师广西,宗植独以为非宜,而言曾文正公国藩足当大任,江忠烈公忠源朴干任军旅可倚信。其后皆以功名显,实宗植发其端也。"(郭嵩焘编:《人物传下·左宗植传》,《湘阴县图志》卷三十三。)左氏兄弟二人长大以后虽然不常聚处,相见之时,或"出所著录相视,或谈国故,指列时事","每剧谈竟夕,争驳不已,家人乃温酒解之。"(左宗棠:《〈慎盦诗文钞〉序》,《左宗棠全集·家书·诗文》,第258页。)从中亦可见左氏兄弟之性情。
④ 左孝同:《先考事略》,见罗正均《左宗棠年谱》,长沙:岳麓书社,1982年,第5页。
⑤ 左宗棠:《与杨雪沧书》,见罗正均《左宗棠年谱》,第5页。
⑥ 左宗棠说:"余兄弟三人,侍先公读书,比长,不名他师。长伯敏,能文,早卒,先公伤之,故课仲、季书不如伯之严,诵古文令略识涂辙而已,不责其专且工也。"(左宗棠:《〈慎盦诗文钞〉序》,《左宗棠全集·家书·诗文》,第257页。)

无不可为"①，对经世之学日加留意。1829年（清道光九年），左宗棠在书铺里购得清初历史地理学家顾祖禹的《读史方舆纪要》，便"潜心玩索，喜其所载山川险要，战守机宜，了如指掌。"对清初思想家顾炎武的《天下郡国利病书》和乾隆朝名臣齐召南的《水道提纲》诸书，左宗棠也认真研读，"于可见之施行者，另编存录之。"②对于家乡前辈贺长龄委托魏源编辑的旨在"经世以表全编"③的《皇朝经世文编》，左宗棠更是爱不释手，丹黄殆遍，详加考论。由于经济拮据，左宗棠没有钱买更多的书。1830年（清道光十年），贺长龄因丁忧居于长沙。左宗棠出于对这位经世名臣的敬慕之情，拜访了贺长龄。其时，左宗棠虽为一介寒生，连生员的资格都尚未取得，但是因为平日留意经世之学，谈吐不凡，而为贺长龄赏识，于是答应将家中所藏图书借给左宗棠阅读。左宗棠"每向取书册，贺长龄必亲自梯楼取书，数数登降，不以为烦。"左宗棠还书时，贺长龄"必问其所得，互相考订，孜孜断断，无稍倦厌"，并常勉励左宗棠说："天下方有乏才之叹，幸无苟且小就，自限其成。"④在贺长龄的诱掖之下，左宗棠的学识大有长进。次年，左宗棠又来到贺长龄之弟贺熙龄主持的长沙城南书院读书。城南书院由湖湘学派的代表人物张栻在1161年（南宋绍兴三十一年）创建于妙高峰下，由于位于长沙城南门外，故由张栻之父张浚命名为城南书院。城南书院始建之初规模虽然不大，但却是除岳麓书院外，张栻传播湖湘理学的一个主要基地。1167年（南宋乾道三年），朱熹自闽来访，还与张栻会讲于岳麓、城南二书院。清康熙以后，城南书

---

① 钱基博、李肖聃：《近百年湖南学风·湘学略》，第36页。
② 左孝同：《先考事略》，见罗正均《左宗棠年谱》，第7页。
③ 魏源：《皇朝经世文编五例》，《魏源集》上册，北京：中华书局，1983年，第158页。
④ 左宗棠：《请将前任云贵总督贺长龄事绩宣付史馆并准入祀湖南乡贤祠片》（光绪六年十月初五日），《左宗棠全集·奏稿》（七），长沙：岳麓书社，1996年，第604页。

院几经增修扩建，1822 年（清道光二年）重建以后，斋舍达 120 间，藏书共 10555 卷，内外学正、附课生额扩为 138 名，成为与岳麓书院巍然并列的省城书院。贺熙龄掌教城南时，"辨义利，正人心，训多士，以立志穷经为有体有用之学"①，强调"读书所以经世，而学不知要，瑰玮聪明之质，率多骲敗于词章训诂、襞襀破碎之中，故明体达用之学，世少概见"②，在讲学中对诸生"诱以义理经世之学，不专重制艺贴括"③，使城南书院的理学经世学风更加突出。左宗棠虽然因为家境贫困，不久就被迫离开城南书院，但是与贺熙龄的交往却并未随之中断，因此深受贺氏思想的影响。左宗棠自己也说，他"从贺侍御师游，寻绎汉宋儒先遗书，讲求实行。"④贺熙龄年长左宗棠十四岁，左虽然尊贺为师，而贺氏始终不以师自居。1846 年（清道光二十六年）贺熙龄卒，还遗命将季女许配给左宗棠长子孝威。⑤ 所以左宗棠与贺熙龄的关系，既是师生，又是朋友，还是儿女亲家。贺氏兄弟皆以国士看待左宗棠，益增其忧国忧民之心。

不过，由于生活所迫，父母双亡的左宗棠虽然胸怀大志，不以科举为意，还是决定参加 1832 年（清道光十二年）的湖南乡试。正如他自己所说的："读书非为科名计，然非科名不能自养，则其为科名而读书，亦人情也。"⑥ 按照规定，乡试必须是生员方有资格参加。而左宗棠由于守丧，没有参加院试，尚未取得生员的资格。如果考取生员后再来参加乡试，要再等三年。于

---

① 唐鉴：《诰授朝议大夫掌四川道监察御史贺君墓志铭》，《唐确慎公集》卷四，上海：中华书局，民国 13 年（1924），第 12 页。
② 贺熙龄：《寒香馆文钞》卷二，第 11 页。
③ 左孝同：《先考事略》，见罗正钧《左宗棠年谱》，第 8 页。
④ 左宗棠：《与杨雪沧书》，见罗正钧《左宗棠年谱》，第 8 页。
⑤ 左宗棠在《冢妇贺氏圹志》中写道："贺氏为乡贤御史、吾师蔗农先生讳熙龄季女。道光二十六年孝威生，师闻喜甚，谓是宜婿吾女。师殁，黄文学雨田、丁文学叙忠、罗忠节公泽南以师遗命告，遂盟婚焉。"（左宗棠：《左宗棠全集·家书·诗文》，第 362 页。）
⑥ 左宗棠：《与癸叟侄》（咸丰六年），《左宗棠全集·诗文·家书》，第 4 页。

是左宗棠东拼西凑了一些银钱,纳为监生,终于参加了这次乡试。由于左宗棠的试卷未能通过同考官这一关,被斥为遗卷。[①]但是因为这一科是为道光帝五十寿辰而开的恩科,特命考官搜阅遗卷,主考官徐法绩批览五千余卷,搜遗得六人,其中左宗棠位列这六人之首。同考官疑此为人情"温卷",不愿补荐,于是徐法绩调出左宗棠的试卷传看,各同考官才没有异议。左宗棠这样才考取了举人。通过这次乡试,艰难取中的左宗棠在湖南多少有了一定知名度。

中举之后,左宗棠于次年赴京参加了会试,三场考试的试卷虽然被考官评为:"首警透,次、三妥畅,诗皆备"[②],却与进士无缘。出闱后,左宗棠走笔写下《燕台杂感》诗八首,用"报国空惭书剑在","谁将儒术策治安"等诗句,表达了自己报国无门的感慨。[③] 不过,这次赴京,左宗棠并非一无所获,最重要的是结识了胡林翼这位终身好友。

左宗棠秉性刚直,才气纵横,抱负很大,"以诸葛亮自期,……与人书,辄署'亮白。'"[④] 胡林翼"精神四溢,威棱慑人,目光闪闪,如岩下电"[⑤],"聪强豪迈,于书无所不读,然不为章句之学,笃嗜《史记》、《汉书》与《左氏传》、司马《通鉴》暨中外舆图地志,山川扼塞、兵政纪要,探讨尤力。"[⑥] 二人无论是性格脾气还是观点主张都很投契。再加上二人父辈即为好

---

① 据左宗棠说:"故事,乡试同考官以各省州县官由科目进者为之,凡试卷经同考官阅荐而后考官取中,同考所斥为遗卷,考官不复阅也。"(左宗棠:《徐熙庵先生家书跋后》,《左宗棠全集·诗文·家书》,第281页。)也就是说,考生的试卷必须先经同考官阅看,择其优者加以评定,然后向主考官推荐,方能取中。
② 癸巳科会试文"注",见《左宗棠全集·诗文·家书》,第394页。
③ 左宗棠:《癸巳燕台杂感八首》,《左宗棠全集·诗文·家书》,第456—457页。
④ 左钦敏:《清丞相左宗棠列传》,《湘阴人物传》,民国4年(1915)刊本,第25—26页。
⑤ 薛福成:《谈相》,《庸庵笔记》,第53页。
⑥ 梅英杰:《胡林翼年谱》,见《湘军人物年谱》(一),第201页。

友,又都曾经从贺熙龄读书。因此,胡、左"一见定交,相得甚欢。每风雨连床,彻夜谈古今大政,论列得失,原始要终,若预知海内将乱者,辄相与欷歔太息,引为深忧。"① 对于与胡林翼的友谊,一向傲视他人的左宗棠也颇为珍惜,在祭胡林翼文中,他对自己与胡林翼结识的情景回忆道:"我甫逾冠,获举于乡,见公京师,犹踬文场。纵言阔步,气豪万夫,我歌公咢,公步我趋。群儿睨眹,诧为迂怪,我刚而褊,公通且介。"② 1838 年(清道光十八年),左宗棠第三次,也是最后一次参加会试,借住京师铁门杨家,与胡林翼"处极欢"。后来胡林翼抚鄂时致书左宗棠说:"书中以农人胜于鄂抚,此事颇难言。总之,林翼知公在铁门之时,是公一生真知己。公知林翼否耶?只此一节,已胜于农人。"③ 可见,胡、左二人一见投缘,再见相知,终成一生真知己。

1840 年(清道光二十年)起,左宗棠以贺熙龄、胡林翼之介赴安化小淹为胡林翼岳父陶澍课子管家,时常与守丧家居的胡林翼晤谈,"谈古今大政,恒至达旦"④。胡林翼"以虑事太密、论事太尽为宗棠戒",一向不服人的左宗棠也"为之欣服不已"。⑤ 而胡林翼对这位"季丈"⑥ 的才干也的确非常了解,认为"左孝廉品高学博,性至廉洁……在文毅第中,读本朝宪章

---

① 梅英杰:《胡林翼年谱》,见《湘军人物年谱》(一),第 201 页。
② 左宗棠:《祭胡文忠公文》,《左宗棠全集·家书·诗文》,第 385 页。
③ 梅英杰:《胡林翼年谱》,见《湘军人物年谱》(一),第 204 页。
④ 罗正钧:《左宗棠年谱》,第 22 页。
⑤ 左宗棠:《上贺蔗农先生》(道光二十五年),《左宗棠全集·书信》(一),长沙:岳麓书社,1996 年,第 51 页。
⑥ 在此期间,左宗棠应陶澍夫人之命,将长女孝瑜许字陶澍独子陶桄,以了陶澍遗愿。据左宗棠《上贺蔗农先生》:"长女姻议,辱荷师命谆谆,宗棠何敢复有异说……此议始于戊戌之秋,旋复中止。今夏王师璞为述文毅夫人之意,必欲续成前议……宗棠万不至以世俗浅见芥诸胸中,许之、却之,一听吾师之命而已。"(左宗棠:《上贺蔗农先生》(道光二十二年),《左宗棠全集·书信》(一),第 36—37 页。)自左、陶两家联姻后,身为陶澍七女婿的胡林翼开始称左宗棠为"季丈"。

最多,其识议亦绝异。其体察人情,通晓治略,当为近日楚材第一。"① 于是屡次向当时大吏推荐左宗棠。林则徐奉命办理军务进驰广西时,胡林翼就曾经向林则徐推荐左宗棠。后来林则徐故世,胡林翼又向湖广总督程矞采推荐左宗棠,称"湘阴孝廉左君宗棠有异才,品学为湘中士类第一。"② 胡林翼与左宗棠的情谊,以及与曾国藩的关系,也使胡林翼日后成为曾、左之间的一条纽带。左宗棠才华外露,不甘居于人下,曾国藩"素性谨慎"③,深沉稳重,二人性情、"趣向不同"。④ 此种差异固然与两人的先天禀赋有关,与曾为长子、左为幼子也多少有些关联。曾、左二人由于性情不合,处事方式各异,主张一致之时尚可同舟共济,观点不一时就很容易发生矛盾,每每赖胡林翼调和于曾、左之间。《清史稿》评价胡林翼说:"使无其人,则曾国藩、左宗棠诸人失所匡扶凭藉,其成功且较难。"⑤ 可以说,胡林翼称得上是左宗棠同辈中的第一知己。左宗棠自己也说:"吾之立身行事,咏老知之最详,其重我非它人比也。"⑥ 一般而言,朋友在一个人的社会关系中,对于个人学行的切磋,仕途的扶掖极

---

① 胡林翼:《致程矞采》(咸丰二年),《胡林翼集》(二),第44页。
② 胡林翼:《致程矞采》(咸丰二年九月三十日),《胡林翼集》(二),第69页。
③ 曾国藩:《复左宗棠》(咸丰十年八月初三日),《曾国藩全集·书信》(二),长沙:岳麓书社,1991年,第1534页。
④ 此处仅以为儿女订婚事为例来看曾、左性情之不同。"从前左季高与陶文毅为婚",曾国藩"即讥其辈行不伦"。(曾国藩:《致澄弟温弟沅弟季弟》(咸丰元年六月初一日),《曾国藩全集·家书》(一),长沙:岳麓书社,1985年,第214页。)因此自己为儿子曾纪泽与贺长龄女儿订婚时,犹豫不决,反复再三。先是以贺长龄为自己的长辈而拒绝罗泽南的提亲,后来又为赎"藕翁罢官"时自己的"隐微之愆"而同意亲事(曾国藩:《致澄弟温弟沅弟季弟》(咸丰元年八月十三日),《曾国藩全集·家书》(一),第218—219页),再后来又以夫人嫌弃贺女为庶出之由悔婚(曾国藩:《致澄弟温弟沅弟季弟》(咸丰元年十月十二日),《曾国藩全集·家书》(一),第225页),最后又思对"成此亲事",坚托罗泽南、刘蓉到贺家说情(曾国藩:《致澄弟温弟沅弟季弟》(咸丰二年正月初九日),《曾国藩全集·家书》(一),第229页)。
⑤ 赵尔巽等:《清史稿》卷四百六,列传一百九十三,北京:中华书局,1977年,第11935页。
⑥ 左宗棠:《与癸叟侄》(咸丰六年),《左宗棠全集·家书·诗文》,第6页。

有关系，在左宗棠身上体现的极为明显。1861年（清咸丰十一年），胡林翼病逝，左宗棠哀痛不已，为之祭文曰："交公弱年，哭公暮齿。自公云亡，无与为善，孰拯我穷，孰救我褊？我忧何诉，我喜何告？我苦何怜，我死何吊？追维畴昔，历三十年，一言一笑，愈思愈研。"① 所言完全是真实感情的流露，绝无丝毫夸张之处。

三、第一次重大的政治行动

晚清湖湘理学士人虽然普遍热衷于研讨经世实学，但是最早亲身体验海防危机的却是因为偶然的机会趋驰于浙江前线，以文采著名的郭嵩焘。浙江学政罗文俊虽然只是一个学政，但是因为深得浙江巡抚刘韵柯的信任，常常参与海防大事的讨论。缘此，入幕后担任罗氏司校的郭嵩焘，每日与罗文俊商讨边防战守之策，并且与他一同驰驱各地，巡查海防要务。由于亲历前线，郭嵩焘比他的老友们更实实在在地目睹了鸦片战争这场悲剧，并为之痛心不已。在悲愤扼腕之余，回想自己往日与朋辈的高谈阔论，郭嵩焘感到从未有过的失落。在刚到浙江之时，郭嵩焘曾经收到曾国藩的四首诗，其中有一首是这样写的："碣石逶迤起阵云，楼船羽檄日纷纷。螳螂竟欲当车辙，髋髀安能抗斧斤？但解终童陈策略，已闻王歆立功勋。如今旅梦应安稳，早绝天骄荡海氛。"② 那时，不仅远居京城的曾国藩是这样想的，就是身在浙江前线的郭嵩焘又何尝不是这样认为的呢。鸦片战争的结果无疑给这种虚骄的看法以重重的一击。在无情的事实面前，日益清醒的郭嵩焘觉得幕府的日子已经了无意绪。于是，他告别了同僚，又回到了故乡湖南。

---

① 左宗棠：《祭胡文忠公文》，《左宗棠全集·家书·诗文》，第386页。
② 曾国藩：《寄郭筠仙浙江四首》，《曾国藩全集·诗文》，第78页。

返湘后，郭嵩焘与刘蓉在长沙彻夜长谈。刘蓉身在内地，却时刻关注着海疆战事。虽然已经搜集到不少海防战守的言论，这次听郭嵩焘详细道出实情，刘蓉对海防的不堪，仍然感到十分吃惊。面对如此重大的话题，两人再无法似从前谈经论史那般轻松快意。以他们的识见和判断，英国人的野心绝非到此为止。因此，整顿军队、整肃官场，就成为当务之急。可是如何着手呢？郭嵩焘、刘蓉感到了自己的人微言轻。未几，《南京条约》签订，刘蓉在覆曾国藩的信中，有"和议之成，令人愤悒"之句，认为"往者莫追，来者可惩"，希望曾国藩"蕴蓄经纶，以需时用"。①字里行间，对已居京官的良友有着说不尽的期待。

接到好友的来书，曾国藩颇受触动，他在日记中写道："昨日接霞仙书，恳恳千余言，识见博大而平实，其文气深稳，多养到之言。一别四年，其所造邃已臻此，对之惭愧无地，再不努力，他日何面目见故人耶！"②看来，随着时势的日益紧张，这群友人之间已不再局限于谈经论史，而渐渐趋于谈论时事实务。而此时，中国大部分的士人尚没有充分意识到世界局势的变化，"和议之后，都门仍复恬嬉，大有雨过忘雷之意。海疆之事，转喉触讳，绝口不提，即茶坊酒肆之中，亦大书'免谈时事'四字，俨有诗书偶语之禁。"③

在鸦片战争的刺激下，郭嵩焘对于科举功名的追求更加急迫了。一旦高中，不仅可以荣家养家，更可以报国保国，所发挥的作用远非一介书生可比。于是，郭嵩焘在1844年（清道光二十四年）初，为参加会试再次赴京。曾国藩喜不自胜，特作《喜筠仙至即题其诗集后》来欢迎老友。诗中回顾了1840年（清道

---

① 刘蓉：《复曾涤生检讨书》，《养晦堂文集》卷四，第4页。
② 曾国藩：《曾国藩全集·日记》（一），道光二十三年六月初三日，第171页。
③ 《软尘私议》，见中国史学会编《鸦片战争》（五），上海：神州国光社，1954年，第529页。

光二十年）曾、郭分别后的情景："忆君别我东南行，挽袖牵裾事如昨。五年奔走存骨皮，龟坏砚田了无获。时时音问相照临，语言虽甘意绪恶。岂知今日还相逢，席地帷天共一酌。纷纷蛮触争土疆，谁能买闲事笑谑？"① 久别重逢的喜悦与对时事的忧虑自然流露。二人同住曾寓，天天见面，或论文、做诗，或弈棋、访友，感情之深密，如同骨肉兄弟。

在会试期间，郭嵩焘还为曾国藩介绍了自己在乡试时结识的友人江忠源。江忠源当时也在京准备参加会试，于是在郭嵩焘的引荐下专程拜访了曾国藩。对于"三次为友人负柩归葬"的江忠源，曾国藩颇为欣赏，"令阅儒先语录，约束其身心"，"忠烈谨受教"。② 江忠源告别后，"曾公目送之，回顾嵩焘，诧曰：'生平未见如此人。'既而曰：'此人必立名天下，然当以节烈死。'"③ 山雨欲来风满楼，可见，对时事益加重视的曾国藩已经嗅到了乱世的气息。这也说明，在承平年代，秉承湖湘思维方式的理学士人发挥才干的可能性微乎其微，必待乱世方能一展所长。

会试结束后，郭嵩焘试着参加了"大挑"。"大挑"是1752年（清乾隆十七年）的定制，在会试后拣选屡试不中的举人，由礼部分省造册，咨送吏部派王公大臣共同挑选，选取者分为二等录用，一等以知县试用，二等以教谕诠补。结果郭嵩焘未被挑中，"不无抑郁"，曾国藩"力劝之"，在情绪上给以安慰。④ 江忠源则被挑中，得教职，分发湖南补用。后来会试榜发，郭嵩焘在会试中再次败北。曾国藩以诗调之，说"丈夫守身要倔强，

---

① 曾国藩：《喜筠仙至即题其诗集后》，《曾国藩全集·诗文》，第49页。
② 欧阳兆熊、金安清：《英雄必无理学气》，《水窗春呓》，第13页。又据《中兴将帅别传》，江忠烈"同年生武冈曾如铖、湘乡邓鹤龄、陕西邹兴愚先后死京师，贫不能返葬，公皆身护其丧归，由是人多公义。"（朱孔彰《中兴将帅别传》，第23页。）
③ 郭嵩焘：《赠总督安徽巡抚江忠烈公行状》，《郭嵩焘诗文集》，第350页。
④ 曾国藩：《曾国藩全集·日记》（一），道光二十四年四月廿八日，第195页。

虽有艰厄无愁猜"①，在精神上给好友以激励。郭嵩焘落榜后索性留在京城，借住在曾国藩家中，等待明春的会试恩科，谁知在恩科中再次落榜，只好南归。② 直到1847年（清道光二十七年），距首次参加会试整整十年后，郭嵩焘终于考中了进士，殿试名列二甲第三十九名，朝考后授翰林院庶吉士。按照清朝的制度，庶吉士到期要进行考核，考试成绩优异者留任翰林院，其余分发到各部或州县任职，是为散馆。曾国藩就在散馆后授翰林院检讨，留在翰林院读书养望。而郭嵩焘却因为母亲张氏病故，于1849年（清道光二十九年）回籍奔丧，竟然未能按期散馆。半年后，郭嵩焘的父亲郭春坊亦不幸病逝，郭嵩焘只好暂时放下功名心，"不复以仕宦为意"③，在家守丧。

与郭嵩焘科举之途屡遭坎坷不同，曾国藩进入官场后升迁极快，10年之中连跃10级，1849年（清道光二十九年）升任礼部右侍郎，为湘籍京官之首，领衔具折奏事，俨然而为湖湘士绅在朝廷的政治代言人。1850年（清道光三十年），道光帝去世，咸丰帝即位。咸丰登位伊始，即诏谕科道九卿等有言事之责者，就用人行政一切事宜据实陈奏。曾国藩以为国家振兴有望，于是上《应诏陈言疏》，奏称："用人行政，二者并重。然凡百庶政，著有成宪，未可轻议。今日所当讲求，惟在用人一端。人才有转移之道，有培养之方，有考察之法，三者不可废一。皇上春秋鼎盛，与圣祖仁皇帝讲学之年相似，请俟二十七月后，举行逐日进讲之例，亦请广开言路，借臣工章奏，以为考核人才之具。"④并向朝廷推荐了六个人才，江忠源就是其中之一。

---

① 曾国藩：《六月二十八日大雨冯君树堂周君荇农郭君筠仙方以试事困于场屋念此殆非所堪诗以调之》，《曾国藩全集·诗文》，第50页。
② 曾国藩：《送郭筠仙南归序》，《曾国藩全集·诗文》，第155页。
③ 郭嵩焘：《玉池老人自叙》，第4页。
④ 黎庶昌：《曾国藩年谱》，第14页。

对于此疏，湖湘士绅争相传诵。刘蓉则以为此疏言犹未尽，没有落实到实处，于是致信曾国藩，称："大疏所陈，动观至计，是固有言人所不能言、不敢言者；然言之而未见其效，遂足以塞大臣之责乎？国是未见其益，而闻望因以日隆，度贤者之心不能不歉然于怀也。"又说"既已达而在上矣，则当行道于天下，以宏济艰难为心"，"今天下祸乱方兴，士气弥懦"，贤者更当挺身而前，"曰其廉可师"，"曰以身殉国"，"曰不爱钱，不惜死"，足可"明执事自待之志，为戡乱济时之本"，然"若以慰天下贤豪之望，尽大臣报国之忠，则岂但已哉?!"①其立身之高，言词之厉，真让身居高位的曾国藩无地自容。

好友的来书无疑对曾国藩起了极大的鞭策和激励作用。再加上此时内忧外患日益严重，洪秀全的起义军势如破竹。所有这一切，都迫使曾国藩甘冒风险再度上疏。于是，曾氏仿照乾隆初年孙嘉淦《三习一弊疏》，呈上《敬呈圣德三端预防流弊疏》，矛头直指最高统治者，批评咸丰帝苛于小节，疏于大计，徒尚文饰，不求实际，刚愎自用，饰非拒谏，尤其对其求言以来的表现，提出了较为尖锐的批评。以期杜绝咸丰帝的骄矜之气，促使朝廷革除弊政，重振纲纪，恢复往昔的社会秩序。比诸《应诏陈言疏》的语气温和、泛泛而言，《敬呈圣德三端预防流弊疏》的言辞十分激切，而且句句切中实处。对此，曾国藩自己也非常清楚，在给江忠源的信中写道："四月又条陈一疏，以圣德咸美而预防其蔽，大致似孙文定《三习一弊》疏。第孙托空言，而仆则指实，太伤激切，盖嫉时太甚，忘其语之憨直。"②所以曾国藩上疏之后亦忧亦喜，忧的是可能因此召来不测之祸，喜的是自己终于可以将一众友人的政治意见上达天听。

---

① 刘蓉：《与曾涤生侍郎书》，《养晦堂文集》卷五，第9—10页。
② 曾国藩：《致江忠源》（咸丰元年），《曾国藩全集·书信》（一），第84页。

从曾国藩与一众友人的书信往来中,我们可以发现,曾国藩上疏不是个人的孤立行动,而是在一部分志同道合的朋友支持和推动下采取的。他们彼此之间为了一个共同的理想,常常互通声气,商议如何能够抓住"得君行道"的机会。这些支持者的绝大多数,后来都成为湘军集团的骨干成员。所以这件事在晚清湖湘理学群体的发展史上有着重要的意义,从某种意义上来说,这是他们在前期采取的第一个比较大的政治行动。它所反映的不只是曾国藩个人的要求和政治意图,而是一个团体的意志。因为他们事先通声息,事后作通报,互相鼓动,串联一气,虽然尚且没有像湘军成立以后那样成形,但是的确已经在曾国藩周围形成一个小群体,而曾国藩俨然这个小群体的领袖。在致罗泽南的信中,曾国藩这样写道:"今录往一通,阁下详览而辱教之。山中故人如刘孟容、郭筠仙昆季、江岷樵、彭筱房、朱尧阶、欧晓岑诸君,不妨一一寄示。道国藩忝窃高位,不敢脂韦取容,以重负故人之期望者,此疏其发端也。"[1] 在这封信中,曾国藩俨然是以一派政治领袖的身份在说话。所有这些都充分显示出他们怎样全力以赴,希望把握住咸丰下诏求言这个机会,感悟君心,革新政局。毫无疑问,曾国藩上这样的奏折是要承担一定风险的。所以他在一封家信中写道:"折子初上之时,余意恐犯不测之威,业将得失祸福置之度外矣。"[2] 这绝不是曾国藩杞人忧天。奏折送上之后,咸丰帝披阅未毕,即"摔其折于地,立召见军机大臣,欲罪之"[3],只是由于祁寯藻、季芝昌等大臣为曾国藩苦苦求情,曾氏才免于获罪。这件事大概曾国藩很快就从房师季芝昌那里了解到咸丰帝对他"优诏褒答"的真相。一个月后,他在

---

[1] 曾国藩:《复罗泽南》,《曾国藩全集·书信》(一),第79—80页。
[2] 曾国藩:《致澄弟温弟沅弟季弟》(咸丰元年五月十四日),《曾国藩全集·家书》(一),第212页。
[3] 朱孔彰:《中兴将帅别传》,第4页。

一封奏折中说："臣材本疏庸,识尤浅陋,无朱云之廉正,徒学其狂;乏汲黯之忠诚,但师其戆。"① 从此,曾国藩再也不敢在奏折中批评皇帝。因为,他发现不顾个人安危地上疏言事,并不能为挽救统治秩序提供什么帮助。他愤懑、焦虑而又无计可施,私下里发出"补天倘无术,不如且荷锄"② 的感叹。可以说,这次行动对晚清湖湘理学群体发展道路的选择影响很大。上疏失败,使他们认识到依靠旧有的体制已经无法挽回统治秩序的衰颓,而随后的形势发展又为他们提供了一个另起炉灶的机会。因此,这次上疏,实际上是晚清湖湘理学群体早期发展的一个重要事件,而曾国藩在此期间所上的一系列奏疏,则基本勾勒出他所要进行的各项改革的大致轮廓,种种设想初露端倪,其后的行动,正是建立在此之上。

四、湖湘理学士人的最初集结

1852年（清咸丰二年）秋,起于广西金田的太平军,兵锋指向湖南,给晚清湖湘理学士人集结成团提供了一个有利的机会。在风声鹤唳之中,郭嵩焘举族避难,与同样率族人避难的左宗棠相遇。郭嵩焘与左宗棠都是湘阴人,而且两家还是故交。郭嵩焘与左宗棠自幼相识,郭嵩焘在《玉池老人自叙》中回忆说,他与左宗棠"至交三十年,一生为之尽力"③。后来,郭、左两家还结为姻亲,郭嵩焘的第五女,嫁给了左宗棠次兄左宗植的儿子左浑。不过,由于左、郭二人都颇以才情自负,互不相下,所以并无太多来往。而太平军进逼湖南,两人都将避难的地点选在了湘阴县城东几十里外的玉池山。这样,两个少年时的朋友在多

---

① 曾国藩:《谢署刑部左侍郎恩疏》（咸丰元年五月二十七日）,《曾国藩全集·奏稿》（一）,长沙:岳麓书社,1994年,第28页。
② 曾国藩:《秋怀诗五首》,《曾国藩全集·诗文》,第22页。
③ 郭嵩焘:《玉池老人自叙》,第28页。

年后又走在了一起。郭家避居梓木洞,左家"徙居湘东白水洞"①。从此郭、左二人比邻而居,经常在一起议论时局,话题由眼前的战事说到人物、吏治,几乎无一不谈。对经世之学致力已久的左宗棠发现,自己眼中只知道调弄词藻的郭嵩焘对时局的认识也是颇有见地的。山居的日子没过多久,新任湖南巡抚张亮基派人来请左宗棠出山。张亮基是因为太平天国战事而被咸丰帝从云南调到湖南的,谁知尚未上任,长沙已经被太平军围困,所以他只好在常德暂驻。对于战事,张亮基一筹莫展,十分希望有才干的能人相助。时在偏远的贵州任黎平知府的胡林翼于是向张亮基急荐左宗棠,称左宗棠"才品超冠等伦","廉介刚方,秉性良实,忠肝义胆,与时俗迥异。其胸罗地图兵法、本朝宪章,切实讲求,精通时务,访问之余,定蒙赏鉴。即使所谋有成,必不受赏,更无论世俗之利欲矣。"②对于左宗棠,张亮基虽然早有耳闻,但是并没有太深的印象。然而,胡林翼对左宗棠的推重,其不容置疑的语气,不容张亮基再有任何犹疑。凭张亮基对胡林翼的了解,他能断定,这个左宗棠一定有一番才干,于是厚币礼请左宗棠。但是左宗棠对张亮基并不了解,不知道入幕以后是否能不受掣肘,一展韬略。他担心,如果张亮基不是通达晓畅之人,只怕以自己的"婞直狷狭之性"③,不仅不能施展才干,势必迟早还要受讥遭压。经过郭嵩焘再三劝说,以及江忠源、胡林翼的来信督促,称"张中丞不世奇人,虚心延访,处宾师之位,运帷幄之谋"④,左宗棠终于决定出山佐幕。为了支持左宗棠,郭嵩焘还让自己颇具办事才能的弟弟郭崑焘和左宗棠共赴湖南巡抚幕。而此时,左宗棠已经年过四十,貌"如老儒","而

---

① 左宗棠:《张叔容墓碣》,《左宗棠全集·诗文·家书》,第349页。
② 胡林翼:《致张亮基》(咸丰二年),《胡林翼集》(二),第45页。
③ 左宗棠:《与孝威》(同治元年),《左宗棠全集·家书·诗文》,第63页。
④ 胡林翼:《致左宗棠》(咸丰二年),《胡林翼集》(二),第75页。

倜傥好奇,议论风生",更胜年轻之时。①"就十九世纪我国一般人之心态言,四十岁已可含饴弄孙,思想行为与事业似均趋于定型。"② 而此时的左宗棠思想学问虽然积蓄已深,事业却正处于起步阶段。如前所述,深受湖湘学重践履思维熏陶的湖湘士人,往往不可能从跻身科举仕途入手凝聚权力,而只能在书院中磨砺自己的治世之剑。如果在承平年代,湖湘士人很容易隐于历史的幕后而湮没无闻。而晚清内忧外患局势的加剧,却为重践履的湖湘士人提供了绝好的外部条件。左宗棠正是湖湘士人的一个典型。

除了左宗棠,曾国藩的首次出山,也与郭嵩焘力劝有关。③ 1852年(清咸丰二年)秋,曾国藩因为母亲去世回籍奔丧,与同样刚刚经丧母之痛的刘蓉"斩焉对泣"④。次年初,曾国藩接到湖南巡抚张亮基快马送来的咸丰上谕,内有"前任丁忧侍郎曾国藩籍隶湘乡,于湖南地方人情自必熟悉,着该抚传旨,令其帮同办理本省团练乡民搜查土匪诸事务,伊必尽力,不负委任。"⑤ 此时的曾国藩守制不到半年,因此他虽然有出山经世之意,但是担心被讥评为虚伪与不孝,有损自己理学后起之秀的名声。⑥ 于是在接到诏书的次日,曾国藩就草就辞疏,准备托张亮

---

① 薛福成:《谈相》,《庸庵笔记》,第53页。
② 李国祁:《由左宗棠的事功论其经世思想》,《中央研究院近代史研究所集刊》(台北)第15期下册,1986年12月,第413页。
③ 因此郭嵩焘在晚年曾得意地说曾国藩、左宗棠"出任将相,一由嵩焘为之枢纽"。(郭嵩焘:《玉池老人自叙》,第7页。)
④ 曾国藩:《刘母谭孺人墓志铭》,《曾国藩全集·诗文》,第226页。
⑤ 黎庶昌:《曾国藩年谱》,第22页。
⑥ 此前,当江忠源墨经从戎之时,曾国藩曾以书责之:"君子在忧戚之中,宜托疾以辞,庶上不违君命,下不废丧礼……所可幸者,闻尚在乌公幕府,未尝署一官,领一职,犹为无害于义,将来功成之后,凡有保奏议叙,一概辞去……如此则从戎以全忠,辞荣以全孝,乃为心安理得。若略得奖叙,则似为利而出,大节一亏,终身不得为完人矣。"(曾国藩:《致江忠源》(咸丰元年),《曾国藩全集·书信》(一),第83页。)可见,曾国藩并不真正反对墨经从戎,因此后来郭嵩焘劝说曾国藩时才会起作用。

基向咸丰帝代奏。正在此时，郭嵩焘受张亮基之托，星夜赶往曾家，力劝曾国藩出山，说：你"本有澄清天下之志，今不乘时而出，拘守古礼，何益于君父？且墨绖从戎，古之制也。"① 为全孝道，郭嵩焘又请曾国藩的父亲曾麟书出面劝子承办团练。于是，曾国藩在母亲灵前烧毁辞疏，遵旨起行，来到长沙，在罗泽南、王鑫、刘蓉等人创办的湘勇的基础上办理湖南团防。后来曾国藩对此解释说："腊月初间，倏奉帮办团练之命，兼闻武昌沦陷之信，义不敢深居不出，以自邻于畏葸规避之徒。"② 这一决定也成为曾国藩一生的重大转折点，如果不是投笔从戎，曾国藩即便官位再高，声望再隆，很有可能不过是第二个唐鉴③罢了。

就在曾国藩被郭嵩焘劝出山不久，郭嵩焘也在老友江忠源的劝说下投笔从戎了。早在咸丰帝下诏办团练之前，丁忧在籍的江忠源已经在家乡新宁召集人马，"以兵法部勒乡人子弟，湖南团练自此始。"④ 在湘军尚未成事之时，江忠源率领的"楚勇"与太平军已经有过数次交锋。1853年（清咸丰三年）初，因在作战中一往无前，不惜死力，江忠源被清廷褒奖有加：授湖北按察使衔，并帮办江西军务。初受新任的江忠源，踌躇满志却绝不敢掉以轻心。这个新职，实际上是将他推到了一个更为险恶的位置上——太平军由江西回攻湖南的最前线。他迫切需要郭嵩焘的帮

---

① 朱孔彰：《中兴将帅别传》，第4页。

② 曾国藩：《与龙启瑞》（咸丰三年九月二十五日），《曾国藩全集·书信》（一），第243页。

③ 唐鉴（1778—1861），字栗生，一字翕泽，号镜海（敬楷），又号小岱山人。湖南长沙人。1809年（清嘉庆十四年）成进士，朝考改翰林院庶吉士，散馆，授检讨。后久官京外，所至革除陋规，以清廉著称一时。在汉学风行一时的氛围中，他独究心于程朱性理之学，并于义理之中发现经济之学，倡导"守道救时"，重开讲求理学之风气，培养了一批理学骨干中坚。曾国藩、郭嵩焘、罗泽南等都曾从其问学。此外，唐鉴还编成《国朝学案小识》一书，以程朱理学为清代学术的主体，严格编制出一个以程朱理学为主干的儒学道统传承体系，从而为程朱理学张目。参见郭嵩焘《唐确慎公〈省身日课〉序》、曾国藩《书学案小识后》、《送唐先生南归序》。

④ 朱孔彰：《中兴将帅别传》，第23页。

助。所以郭嵩焘刚从荷叶塘曾家赶回家中,就见到了江忠源的邀请信。郭嵩焘回信推辞,不久,江忠源再次遣使传书,要他为国家大计着想,信中说:"兄纵不为弟出,独不为天下计邪?"① 于是郭嵩焘再也没有理由推辞,只好出山"经营国计、保卫地方"②了。自此,晚清湖湘理学士人相继乘时而出,他们"先之以友朋,继之以昏姻,俨然成一集团。及夫太平军踰岭而北,彼等皆际会风云,展其骥足,足为理学吐气"③,从而一改"道咸前,湘士殊少知名"④ 的局面,他们在日常生活中的抉择凝聚在一起终于对历史产生了巨大的影响。

第二节 一个典型案例:以罗泽南为中心的子群体

在形形色色的社会网络中,有一类网络被称为隶属网络。具体来说,如果一个网络嵌套于一个更大的关系网络之中,它就是一个隶属网络。事实上,晚清湖湘理学群体就是一个由多个隶属网络所构成的大的关系网络。⑤ 下面,我们仅以罗泽南及其弟子的关系为例,来具体考察晚清湖湘理学群体中的一个子群体。

一、罗泽南与同辈湖湘理学士人

罗泽南也是以曾国藩为中心的晚清湖湘理学群体中的一个重要成员。罗泽南(1808—1856),字仲岳,号罗山,一字培源,

---

① 江忠源:《致郭筠仙书》,《江忠烈公遗集》卷一,清同治癸酉(1873)刊本,第21页。
② 郭嵩焘:《玉池老人自叙》,第4页。
③ 陆宝千:《刘蓉年谱·自序》,台北:中央研究院近代史研究所,1979年,第1页。
④ 湖南省文献委员会编:《湖南文献汇编》第2辑,1949年,第405页。
⑤ 隶属网络是具有普遍意义的,因此,网络之间总是相互嵌套的。从这一角度而言,晚清湖湘理学群体也嵌套在其他更大的关系网络之中。

号悔泉①，又字子畏②。罗泽南的先世居于江西，元朝末年迁到湖南衡州，再迁于湘乡湾州，从此定居下来，到罗泽南这一代已经历时400余年。罗氏虽为大姓，却非望族，"世耕稼无仕达者。"③ 1808年1月19日（清嘉庆十二年十二月二十二日）罗泽南就出生于这样一个贫苦的家庭。在罗泽南早年成长的过程中，他的祖父罗拱诗发挥了重大的影响。事实上，湖湘地区的民间父老对理学普遍抱有敬意，正是湖湘地区理学传统历数百年而不衰歇的原因之一。无形的记忆与有形的文字共同造就了一种传统，一种集体无意识，一种群体记忆，最后变成了某一群人自觉服从的当然规则。从某种程度来说，也许无形的记忆所造成的影响更为深远。作为一个没有读过多少书的普通农人，罗拱诗"生平深以不学为憾"，希望儿子罗嘉旦可以读书以弥补上一代的缺憾，然而可惜的是，罗嘉旦也因为家贫而废学。为使子孙后代有条件读书，罗拱诗益加勤俭，"自伐木竹诛茅，构屋里中，沽酒米为业"，"十余年中得鬻田十亩余"，家境才略为改善。④罗泽南4岁以后，罗拱诗即令他读"《四书章句集注》及五经注疏之有关于要义者"，并谆谆告诫他说："圣贤之书，吾虽不曾读，总是要人作好人，不要人作坏人，尔其慎之，勿陷为轻薄子也。"⑤然而在罗泽南求学期间，罗家日益贫困，10余亩田全部售出以偿还债务，"家业零落，四壁萧然"⑥，乃至有时无米做饭。为使罗泽南不至于和其父罗嘉旦一样因贫废学，罗拱诗典衣缩食供他读书，"一布袍亲持入典肆者六七次"⑦。有人劝罗拱诗

---

① 罗泽南：《号悔泉说》，《罗山遗集》卷五，第25页。
② 刘蓉：《罗子畏字说》，《养晦堂文集》卷一，第3页。
③ 罗泽南：《先大父六艺公事略》，《罗山遗集》卷八，第2页。
④ 罗泽南：《先大父六艺公事略》，《罗山遗集》卷八，第1页。
⑤ 罗泽南：《先大父六艺公事略》，《罗山遗集》卷八，第2页。
⑥ 《罗忠节公年谱》卷上，第2页。
⑦ 《罗忠节公年谱》卷上，第3页。

让罗泽南改习他艺以便谋生,被他严词拒绝:"吾不能以田地贻子孙,独不能以书贻之乎!"① 正是由于罗拱诗不计饥寒、费尽艰辛地悉心培养,罗泽南才得以完成学业。更重要的是,罗拱诗"清苦自励"② 的品格,深深影响了罗泽南,使他无论在多么困难的境遇中,都能够奋发自立。罗泽南每念及此,都不由得感激涕零:"先大父之所以贻我后人者至矣。勤俭自持,乐善不倦,以生平未学之故,欲竟其志于后嗣,不以困苦易其心。积累之厚,曷其有极。"③ 认为祖父留给自己的是一笔无形的宝贵财富。

此外,外祖父萧积璋与母亲萧氏对罗泽南的影响也不可忽视。萧积璋(1745—1826),字季圭,号蔗圃老人。湖南湘乡人。他为文雄浑,长于诗,然"潦倒场屋数十年",始终没有考取功名,弱冠后即以授徒为业,年近八十岁时,"紫阳纲目,犹手不停披。"萧积璋对子孙后代的教育十分重视,常"取先正格言及古人行事之可法者",教育自己的女儿,也就是罗泽南的母亲。④ 罗母萧氏自幼受到良好家风的熏陶,为人母以后"课子女整饬有法"⑤,并常常以父亲萧积璋为榜样教育罗泽南,说:"尔外祖发愤读书,终身不得博一衿,曾不为之介意,士人益仰慕之,可见人之见重于世者,原不在乎科名,尔曹当有以自立也。"⑥

罗泽南就是在这样的家庭环境中成长起来的。1825年(清道光五年),年方18岁的罗泽南首次参加童子试,但是并没有考取,于是开始了他长达20多年的塾师生涯。由于罗泽南直到1839年(清道光十九年)才考中秀才,之前只能在蒙馆授徒,

---

① 罗泽南:《先大父六艺公事略》,《罗山遗集》卷八,第2页。
② 《罗忠节公年谱》卷上,第6页。
③ 罗泽南:《先大父六艺公事略》,《罗山遗集》卷八,第2页。
④ 罗泽南:《外祖萧公蔗圃先生传》,《罗山遗集》卷七,第7—8页。
⑤ 《罗忠节公年谱》卷上,第4页。
⑥ 罗泽南:《外祖萧公蔗圃先生传》,《罗山遗集》卷七,第8页。

薪酬相当低，很难维持一家人的生活。自1825年（清道光五年）到1835年（清道光十五年）的10年间，罗家因为家境贫困、缺衣少食，"前后死者计十人"①，包括罗泽南的祖父、母亲、兄嫂、姊妹、侄子以及三个儿子。在罗家尚存的三个人中，罗父罗嘉旦已经年迈，罗妻张氏因为接连丧子，毁伤过度，"两目俱盲，耳又重听。"② 罗泽南"亦多疾"，可是由于家贫，又"不能购良药以自治"③，简直潦倒坎坷到了极点。然而，不管生活多么"险阻崎岖"，罗泽南犹能"强自支持，颇不为世俗所动"④，每以"何妨年少历艰辛"⑤自励，始终没有放弃对学问的追求。在"奔走衣食之余"⑥，他不仅夜以继日地自修，还不断争取深造的机会，曾经先后就读于涟滨书院、双峰书院和城南书院。在湖湘学风的熏陶之下，罗泽南最终于1836年（清道光十六年）明确了自己的治学方向，那就是研治理学。后来，罗泽南曾经自道这段为学经历说："予尔年始得宋儒之书，读之，因复求之四子六经，至道精微，固非愚昧所能窥测，然已知圣贤之道，不外身心。往日之所学，末学也。"⑦

从罗泽南的早年历程中，可以看到他出身寒微，"所居穷僻"⑧，早年足迹不出湖湘，因此所交多为湖南同乡。在罗泽南最重要的几个朋友之中，刘蓉与其结识最早、感情也最为深厚。罗泽南与刘蓉初识于1838年（清道光十八年），这时罗泽南刚刚完成了自己的第一部理学著作《常言》，而刘蓉也于此时结束

---

① 罗泽南：《殇侄殇子哀辞》，《罗山遗集》卷八，第9页。
② 《罗忠节公年谱》卷上，第7页。
③ 罗泽南：《殇侄殇子哀辞》，《罗山遗集》卷八，第9页。
④ 罗泽南：《寄谢大春池书》，《罗山遗集》卷六，第1页。
⑤ 罗泽南：《春日偶吟》，《罗山遗集》卷一，第5页。
⑥ 《罗忠节公年谱》卷上，第7页。
⑦ 《罗忠节公年谱》卷上，第8页。
⑧ 《罗忠节公年谱》卷上，第7页。

了在治学上广事涉猎的时期,"始从事于六经四子濂洛关闽之书。"① 二人学术观点十分相近,于尊朱、黜王等大端皆无二致,因此一谈之下,大为投契,从此成为莫逆之交。正如刘蓉在《赠罗仲岳》诗中所写:"木鸡修道无人问,裘马论交几辈贤。贱子胸中足邱壑,与君分内得林泉。同堂论道窥真宰,埋首穷经各少年。努力名山接薪火,豫章家学要人传。"② 他们之间的交往是建立在学术上彼此勉励、互相警醒的。就学术成就而言,刘蓉"对理学内部问题的讨论,如论理与事、理与气、天理与人欲、静与敬等,并不能深入"③,"无若何精义卓见之创获"④,"不算是一位有深度的理学家"⑤,与罗泽南相比不免相形见绌。但是由于多年来浸染其中,刘蓉的理学造诣也绝非浅显,论学之时,往往能给罗泽南以有益的启发和提示,并且能够直言不讳地指出罗的缺点与不足,特别是刘蓉的《复罗仲岳论养气说书》对罗帮助尤大。因此罗泽南每有新作总是要请刘蓉"细为简阅,订其瑕疵。"⑥ 1847年(清道光二十七年),罗泽南将《常言》改定为《人极衍义》,还特别请刘蓉为该书作序。不仅如此,罗泽南与刘蓉的性格也很投契。罗泽南有诗《春日怀刘大霞仙》云:"去年春满衡山麓,与君花前挟书读。今年春满洞庭湄,故人不见长相思。长相思,隔江水。长夜漫漫古人死,大道由来坦如砥。男儿莫受虚名累,七尺顽躯忍抛弃。叱咤风云生远心,酒酣拔剑蛟龙避。两地相思二月天,班超投笔谁少年。谁少年,默

---

① 刘蓉:《上贺藕庚先生书》,《养晦堂文集》卷四,第33页。
② 刘蓉:《赠罗仲岳》,《养晦堂诗集》卷一,第7页。
③ 韦政通:《中国十九世纪思想史》上册,第395页。
④ 陆宝千:《刘蓉论——清代理学家经世之实例》,《中央研究院近代史研究所集刊》(台北)第3期下册,1972年12月,第404页。
⑤ 韦政通:《中国十九世纪思想史》上册,第395页。
⑥ 罗泽南:《答刘孟容书》,《罗山遗集》卷六,第12页。

无语。读书之乐乐千古,篝灯独听潇潇雨。"① 可见二人交往不仅有谈理论道之严肃,也有绚烂如春花般的轻松与愉悦。罗泽南死后,刘蓉所作《祭罗忠节公文》称:"嗟乎罗兄,惟我知君,廿年至契,别久愈亲,驰辩往复,道味弥真"②,正是罗、刘二人20年友情的真实写照。在刘蓉看来,自己一生中最好的两个朋友就是曾国藩和罗泽南,并郑重地说:"吾与同邑曾、罗二公,神明至交,起家儒素。三人者经术浅深,学问大小不必尽同,然于富贵不淫,贫贱不移,威武不屈三语,则皆毅然有以自立。"③ 因此,在罗泽南与曾国藩之间,刘蓉也可以称得上是一条重要的感情纽带。

罗泽南与曾国藩虽然是湘乡小同乡,但是相识却甚晚。曾国藩出生于一个比较富裕的地主家庭,1838年(清道光十八年)年仅28岁就中了进士,选翰林院庶吉士,而罗泽南直到次年才考取生员,入县学。二人无论从家庭背景,还是个人地位上都相差太远,但是在学问上,罗泽南却不遑多让。在京中,曾国藩有机会结交当世第一流的学者,1841年(清道光二十一年)在唐鉴的影响下"始肆力于宋学"④。罗泽南"生僻壤,处约食贫,未尝有先达者为之倡,而独能寻濂洛关闽之旨"⑤,早在1836年(清道光十六年)就明确了治学的方向。对于罗泽南的品学,曾国藩很早就从刘蓉等友人处得知,极为佩服。1844年(清道光二十四年),罗泽南在长沙设馆授徒,曾国藩六弟曾国华、九弟曾国荃欲前往附读,去信同曾国藩商量。曾国藩十分高兴,称"罗山兄甚为刘霞仙、欧晓岑所推服,有杨生任光者,亦能道其

---

① 罗泽南:《春日怀刘大霞仙》,《罗山遗集》卷一,第19页。
② 刘蓉:《祭罗忠节公文》,《养晦堂文集》卷九,第32页。
③ 刘蓉:《与瑟庵从弟》,《养晦堂文集》卷十,第5页。
④ 黎庶昌:《曾国藩年谱》,第7页。
⑤ 刘蓉:《罗仲岳人极衍义序》,《养晦堂文集》卷二,第2页。

梗概,则其可为师表明矣,惜吾不得常与居游也"①,"罗罗山兄读书明大义,极所钦仰,惜不能会面畅谈。"②

对于曾国藩,罗泽南也常常听刘蓉、郭嵩焘等友人谈及。1850年(清道光三十年),曾国藩上《应诏陈言疏》,列举了官场中种种琐屑、颠顶的恶习以及贪污、奇民的种种腐败现象。对于此疏,罗泽南与刘蓉一样也认为还有未尽之处,于是致书曾国藩说:"有所畏而不敢言者,人臣贪位之私心也。不务其本而徒言其末者,后世苟且之学也。"③ 书未到,而曾国藩已上《敬呈圣德三端预防流弊疏》。因此曾国藩看到罗泽南的信后,不但不以为忤,反而极为欣赏,回信说:"以阁下之贤而国藩幸同里闬,国有颜子而行宜不达于岩廊,仆之耻也……四月二十六日,敬陈《圣德三端预防流弊》一疏,学道未深,过伤激直。阅七日而春介轩廉访(案:指春熙,时任湖南按察使)来京,递到阁下一书,乃适与拙疏若合符节,万里神交,其真有不可解者耶?"④ 基于共同的政治理念,再加上又有着共同的交往圈,曾国藩与罗泽南,虽然一在朝,一在野,一个"久历朝端,声望素著",一个为"湖南下士,寂处无闻",却越走越近,终于成为神明至交。⑤ 二人在创办湘军之前虽然从未谋面,但是常通书信。书信中不仅谈学论政,"各以学行相砥砺"⑥,也闲话家常。曾国藩的长子纪泽聘贺长龄之女为妻,即是由罗泽南促成的。

---

① 曾国藩:《致澄弟温弟沅弟季弟》(道光二十四年正月二十六日),《曾国藩全集·家书》(一),第71页。
② 曾国藩:《致温弟沅弟》(道光二十四年三月初十日),《曾国藩全集·家书》(一),第80页。
③ 曾国藩:《复罗泽南》(咸丰元年),《曾国藩全集·书信》(一),第79页。罗泽南这篇以布衣论政的惊人之作不见于《罗山遗集》,因此只能从曾国藩的回信中略知一二。从中可知其言词之尖锐不逊于刘蓉,且主旨一致,极有可能事前互相通过消息。
④ 曾国藩:《复罗泽南》(咸丰元年),《曾国藩全集·书信》(一),第79页。
⑤ 罗泽南:《与曾节帅论责成重任书》,《罗山遗集》卷六,第30页。
⑥ 蒋维乔:《中国近三百年哲学史》,台北:中华书局,1978年,第41页。

在结识曾国藩之前,罗泽南与曾国藩的另一少年故交郭嵩焘也早就相识。1844年(清道光二十四年),罗泽南在长沙设馆授徒,郭嵩焘赴京赶考途经长沙时与罗泽南一见订交。二人相与论学,"相得甚欢"①,再加上又有共同的好友刘蓉,关系不免又进了一层。郭嵩焘与罗泽南虽然同样有着理学的背景,但是志趣却各有偏向。罗泽南自始至终宗仰程朱理学,郭嵩焘则始而喜好词章,继而倡导洋务,对理学虽然一直尊崇,于心性上并不亲近。对于郭嵩焘醉心词章,他们共同的好友刘蓉曾经多次作书加以劝诫,说:"吾儒立身期其大者,苟正学不讲,德业无闻,而惟词艺是习,借使文如班马,诗驾曹刘,要亦无裨身心,无关世教。"②罗泽南虽然并无类似书信存于集中(《罗山遗集》为郭嵩焘所编),但是从他对另一友人罗信南③泛滥词章的批评中亦可想见他对郭嵩焘的态度。不过,郭嵩焘年轻时虽然以"词翰之美"闻名,但是他本人却十分热衷于政治,并未如曾国藩所预想的那样成为"文苑传人"。④也许正是在经邦济世这一点上,郭嵩焘与罗泽南达成了共识。

从上可知,罗泽南虽然与曾国藩结识较晚,但是与曾国藩两个最好的友人刘蓉、郭嵩焘皆为好友,故在湘军建立初期与曾国藩一系走得很近。而罗泽南与胡林翼,由于二人的身世经历都相差悬殊,结识得非常晚,在湘军建立以后才开始密切交往。至于

---

① 《罗忠节公年谱》卷上,第10页。
② 刘蓉:《复郭伯琛孝廉书》,《养晦堂文集》卷三,第25页。
③ 罗信南,字云浦,号陶龛。湖南湘乡人。诸生。与罗泽南、刘蓉为论学之友,皆致力于义理之学,但治学要旨不尽相同,罗泽南、刘蓉笃守程朱,罗信南则主张和会诸家,《罗山遗集》中《答云浦书》对此阐述极明。罗信南对天文、地志、财政、兵法等经世之学亦有研究。咸丰初年与罗泽南、王鑫、康景晖等同创湘勇,手定营制、饷制及训练章程。太平天国起义平定后,复归乡里,在学术上深造默识、融会贯通,被俞樾誉为古之通儒。著有《陶龛语录》、《白鹭湾草堂诗存》等。《中兴将帅别传》、《清儒学案》、《湘学略》等著作将罗信南划入罗门弟子之列,误也。
④ 刘蓉:《复郭伯琛孝廉书》,《养晦堂文集》卷三,第25页。

罗泽南与左宗棠，二人都与贺长龄、贺熙龄兄弟过从甚密，由左宗棠《与杨雪沧书》中"长与罗罗山、丁秩臣为友，亦藉窥正学阶梯，不陷溺于词章利禄之俗说"①的字句，可知他们属于有着共同学术旨趣的道义之交。罗泽南死后，左宗棠曾作七绝《题罗忠节公遗像》："紫光画阁且迟开，竞羡长沙好秀才。省识旧游如昨日，春风归咏定王台。"并自注云："咸丰初，公馆贺藕耕尚书里第，及门诸子假馆长沙东郭定王台就公请业。时李公续宜、王公鑫、李公杏春咸在，余尝与刘公蓉晤公于此。"②可见，左宗棠不仅与罗泽南相交，而且因而得识李续宜、王鑫、李杏春等一众罗门弟子。事实上，罗门弟子后来之能在湘军事业中屡屡建功，不仅在于罗泽南平日里对弟子致力于经世之学的引导，与罗泽南将他们引入自己的交往圈也是分不开的。

二、罗泽南与罗门弟子

在罗泽南的周围聚拢了一批年轻的湖湘理学士人，他们因为与罗泽南的师生关系，而被吸纳到以曾国藩为中心的小团体中来，从而也被看作晚清湖湘理学群体的成员。

罗泽南于1825年（清道光五年）开始设馆，起初在蒙馆授徒，1839年（清道光十九年）考取生员以后又取得了在经馆授徒的资格，直至1852年（清咸丰二年）倡办湘勇之前一直以教书为业。在这20余年里，他培养了一大批饱受理学思想熏陶，具有经世抱负与才干的弟子。萧一山称罗泽南为"楚材弁冕"③，可谓恰如其分。罗泽南弟子众多，据他的好友刘蓉说，"从之游者数百人"④，其中主要者有王鑫、李续宾、李续宜、杨昌濬、

---

① 左宗棠：《与杨雪沧书》，见罗正钧编《左宗棠年谱》，第8页。
② 左宗棠：《题罗忠节公遗像》，《左宗棠全集·家书·诗文》，第465页。
③ 萧一山：《清代通史》第3册，第735页。
④ 刘蓉：《钟君墓表》，《养晦堂文集》卷九，第22页。

康景晖、李杏春、钟近衡、钟近濂、易良干、谢邦翰、罗信东、罗镇南等。

王鑫（1825—1857），字璞山，谱名开作，字家宾，自号四愿居士①、养拙子、返璞山人。湖南湘乡人。王氏本来居于江西安福，明永乐初年迁到湖南湘乡，遂为湘乡人。② 王家家道小康，王鑫祖父王璨，字之海，以县学附生贡成均，笃厚好施。父宗麓，字旭庵，苦学多年，不忧生计。只是到了1844年（清道光二十四年）由于发大水，房屋尽毁，王家才日趋贫困，靠王鑫开馆授徒贴补家用。王鑫虽然自幼体弱，但是胸怀大志，自少年起就"慨然有匡时之志"，可惜一直不得其门而入，时常觉得"贸贸无所得"。③ 1848年（清道光二十八年），二十四岁的王鑫考中秀才后，在长兄王勋的建议下，"得同邑罗罗山先生师事之"，"日夜与讲明善复性、修己治人之道"，"始晓然于道之所从入。"④ 因"学道甚勤"⑤，受到罗泽南的格外器重。王鑫对乃师也极为尊崇，称其"学行才识，为当世所罕见，续千载之坠绪，辟吾道之榛芜，倡明绝学，通达时务"⑥，"每恨相从之晚也"⑦，并将自己的幼弟王开仞（字心牧）、妹婿易良干也介绍到罗泽南门下读书，后来王开仞还成为罗泽南的长女婿。⑧

就性格而言，王鑫与罗泽南不太相像。王鑫"体貌清癯，目光炯炯射人，声大而远，言语如出瓮中，而滔滔汩汩不穷于

---

① 王鑫：《四愿居士小引》，《王壮武公遗集》卷二十四，清光绪十八年（1892）刊本，第8页。
② 罗正钧：《王鑫年谱》，见《湘军人物年谱》（一），第37页。
③ 罗正钧：《王鑫年谱》，见《湘军人物年谱》（一），第40页。
④ 罗正钧：《王鑫年谱》，见《湘军人物年谱》（一），第40—42页。
⑤ 罗正钧：《王鑫年谱》，见《湘军人物年谱》（一），第42页。
⑥ 王鑫：《复道州冯春皋刺史》（咸丰四年九月二十八日），《王壮武公遗集》卷八，第36页。
⑦ 罗正钧：《王鑫年谱》，见《湘军人物年谱》（一），第42页。
⑧ 罗泽南：《王石峰寿序》，《罗山遗集》卷四，第11页。

词。常与诸友共侍坐罗忠节公,公议论发,他人莫能置喙。忠节公徐哂曰:'璞山盍少休,让吾侪一言乎?'公亦自笑也。"① 这类情景在王錱求学罗门时经常发生,以至后来王錱梦境中也会出现"笑语声、争辩声依然耳畔,察庵、斗山(康景晖)、石泉(杨昌濬)诸友分明在座,或嘿然,或愕然"② 的局面。如果细细体味这些场景,我们会发现王錱与左宗棠的性格倒有些相像。因此,1851年(清咸丰元年)王錱由罗泽南引荐结识左宗棠后,王、左二人格外投缘,后来还结为儿女亲家。③ 此外,经罗泽南的介绍,王錱还得与郭嵩焘、刘蓉相识。郭嵩焘年长王錱七岁,对王錱颇为赏识,在《寄曾文正公书》中写道:"璞山乃大有志于学,湘乡邑运之佳如此。"④ 而在刘蓉的心目中,王錱也是一位"怀忠义之志,有侠烈之风"⑤ 的人才。对于刘蓉,王錱更是颇思亲近。据王錱《与心牧季弟论文书》云:"昨寄霞仙先生,约其下省同居,冀得亲言论风采,以消鄙吝。使还言已作书邀郭筠仙太史会于省城,属以禀知先生。"⑥ 可见,王錱十分希望与刘蓉同住,以便就近论学。王、刘二人关系之佳,还表现在湘军初期,王錱因为与曾国藩意见不合,而被曾国藩弃而不用,刘蓉因此对老友曾国藩的处人方式多少有些失望。对于湘军的创建,《清史稿》评论说:"曾国藩立湘军,则罗泽南实左右之。"⑦ 实际上,湘军的原始班底湘勇之能建立起来,罗泽南固然功不可没,王錱、刘蓉的首倡之功也是不可忽视的。刘蓉《复朱石翘

---

① 罗正钧:《王錱年谱》,见《湘军人物年谱》(一),第42页。
② 王錱:《与朱铁桥大令》(咸丰四年十二月初十日),《王壮武公遗集》卷九,第3页。
③ 王錱本拟将第五女许字李续宜子,订亲之日李续宜未到。(罗正钧:《王錱年谱》,见《湘军人物年谱》(一),第45页。)后左宗棠将此女求为四子左孝同之妇,"谓吾以求将种也"。(李肖聃:《曾左学略第十五》,《近百年湖南学风·湘学略》,第188页。)
④ 罗正钧:《王錱年谱》,见《湘军人物年谱》(一),第46页。
⑤ 刘蓉:《复朱石翘邑宰书》,《养晦堂文集》卷五,第19页。
⑥ 王錱:《与心牧季弟论文书》(道光庚戌),《王壮武公遗集》卷二十四,第7页。
⑦ 赵尔巽等:《清史稿》卷四百七,列传一百九十四,第11949页。

邑宰书》云:"顷,王璞山偕康君来吊,言奉制府礼,募勇千余,赴衡防堵。谓借军饷以资训练,而实为策应本邑之计,意亦良善。"① 可见,湘乡募勇之议,发于王鑫、康景晖,中与刘蓉详加议论,最后成于罗泽南。

李续宾(1818—1858),字如九,一字克惠,号迪庵。李续宜(1823—1863),字希庵,一字克让。湖南湘乡人。李氏先祖可追溯到唐郑孝王李亮,李氏后人于宋时迁居湘乡桥头,遂为湘乡人。李家家境十分富有,李续宾祖父李白诗,字书作,济人利物,"生平捐资修桥路及庙宇数百金。"② 父亲李登胜,字振庭,岁贡生,乐善好施,以免费教授门徒为乐。李续宾兄弟五人,李续宾、李续宜分别行四、行五。清人笔记多记载:李续宾兄弟少贫,倜傥有奇才,得罗泽南赏识,自此折节读书。③ 这些记载虽然有失真之处,性格特点摹画得倒很贴切。在左宗棠眼中,李续宾"性端凝,不苟言笑,而膂力过人,能挽强弓命中于百步外。"④ 曾国藩为李续宾撰《神道碑铭》说他:"稠人广坐,终日不发一言。"⑤ 胡林翼祭文也说李续宾"言简意重,渊默雷声"。⑥ 可见作为罗门两个最得意的弟子,李续宾与王鑫的性格迥然不同。不过,李续宾与王鑫长兄王勋同龄,而且"道义性情相孚",自十二岁订交,多年来一直往来不辍,互证所学,并于1837年(清道光十七年)一起拜罗泽南为师,然而"皆以家事纠缠未克竟学",于是"皆以弟学于罗忠节公"。⑦ 1847年

---

① 刘蓉:《复朱石翘邑宰书》,《养晦堂文集》卷五,第19页。
② 傅耀琳:《李续宾年谱》,见《湘军人物年谱》(一),第99页。
③ 《旧闻随笔》载:"李忠武公及其弟勇毅公续宜与公(案:指罗泽南)同邑,少以卖布为业,日守肆中持书读,坐有常处,端直不欹,公屡过而异之,因示为学途辙,二公执贽门下,卒为伟人。"(姚永朴:《旧闻随笔》卷三,清光绪二十一年(1895)刊本,第8页。)
④ 左宗棠:《李忠武公墓志铭》,《左宗棠全集·家书·诗文》,第351页。
⑤ 曾国藩:《李忠武公神道碑铭》,《曾国藩全集·诗文》,第312页。
⑥ 胡林翼:《祭李续宾文》,《胡林翼集》(二),第1128页。
⑦ 傅耀琳:《李续宾年谱》,见《湘军人物年谱》(一),第103、104、106页。

（清道光二十七年），李续宾到罗泽南塾中探望弟弟李续宜，"听讲五日，每有问难，罗山先生深许之。"① 而李续宜自 1846 年（清道光二十六年）起从罗泽南游，"日与讲论正学，自以躬之所行，不逮所言"②，"愿砥砺磨砻，底于无过"，被罗泽南认为"识见已超迈乎流俗。"③ 可见，李氏兄弟都很得罗泽南的赏识。1848 年（清道光二十八年），李续宾父亲李登胜六旬寿辰，罗泽南还与友人刘蓉，弟子王勋、王鑫、钟近衡、李杏春等人登门道贺。这次寿宴，"群贤毕至，实为罕见之盛会。"④ 乘此机会，李续宾为长子李光大聘刘蓉之女为妻，为次子李光久聘钟近衡之女为妻。不过，李光大年仅十五岁就夭折了，李续宾与刘蓉虽然没有做成儿女亲家，但是自从为儿女订亲以来两人往来开始密切起来。李续宾死后，刘蓉为作祭文称："我初识君，世尚隆平。伟君仪度，岳峙渊渟。曾不三年，粤氛遽抵。君卧田间，投袂而起。"⑤ 从中可以推知，1848 年（清道光二十八年）两家订亲之时，李续宾与刘蓉当属相识不久，但彼此印象颇佳，方有订亲之议。未几，太平天国起义波及湖南，罗泽南、刘蓉、王鑫等首倡兴办团练，李续宾挺身而出协助乃师，而李续宜也于 1853 年（清咸丰三年）随罗泽南、李续宾从军。

杨昌濬（1825—1897），字石泉，号镜涵，别号壶天老人。湖南湘乡人。杨氏出于陕西，先祖可追溯到后汉太尉杨震，迁湘后数辈皆为布衣。杨昌濬的父亲杨荣琥虽然是一名手艺人，以帮别人织物维持生计，但是一直遵从"励志修身齐家治国平天下，诲耕读习文奋武展雄略"⑥ 的家训来教育儿孙。杨昌濬身材魁

---

① 傅耀琳：《李续宾年谱》，见《湘军人物年谱》（一），第 106 页。
② 罗泽南：《耻不逮斋记》，《罗山遗集》卷五，第 10 页。
③ 罗泽南：《耻不逮斋记》，《罗山遗集》卷五，第 11 页。
④ 傅耀琳：《李续宾年谱》，见《湘军人物年谱》（一），第 107 页。
⑤ 刘蓉：《祭李忠武公文》，《养晦堂集》卷九，第 34 页。
⑥ 《杨氏文升公房谱》，娄底市娄星区 1997 年刊印。

梧，臂力过人，少与李续宾交好，并曾经在李家处馆，教授李家子侄。①杨昌濬与王鑫的关系也十分融洽，后来还结为儿女亲家，王鑫四女即许字杨昌濬之子杨鸿度。1850年（清道光三十年）杨昌濬开始从罗泽南读书②，1852年（清咸丰二年）随办团练。

康景晖，字斗山。湖南湘乡人。早年曾从师罗泽南，1847年（清道光二十七年）起读书涟滨书院。③康景晖与王鑫交好，王鑫长女即许字康景晖子。湘乡办团练之议就是由王鑫、康景晖等人发起的。在创办团练过程中，罗泽南、王鑫、康景晖等人互相商定营制、饷制及训练章程，时有罗山（罗泽南）、璞山（王鑫）、斗山（康景晖）"三山"之称。

李杏春（？—1855），初名光焯，号石仙。湖南湘乡人。与李续宾兄弟同族。李杏春"少工制艺，神清体弱，而胆识过人"④，"受业罗忠节公，学问深醇，兼习韬略，蔚然有文武材。"⑤1853年（清咸丰三年）随罗泽南办团练。

钟近衡（？—1854），字苔洲。钟近濂（？—1854），字楚池。湖南湘乡人。父钟文和（字咸熙）早逝，其母徐氏常教育钟氏兄弟说："尔曹为人，以正品行存心术为要。"⑥在母亲的教育下，钟近衡"少则端确好义"⑦，"好学深思，尤有志于治身。"⑧1846年（道光二十六年）师事罗泽南，"与闻宋儒饬躬克己之绪，则益感发刻历，谓古圣贤可阶而至"，将自己每天的

---

① 傅耀琳：《李续宾年谱》，见《湘军人物年谱》（一），第100、108页。
② 罗泽南：《杨母某孺人七旬晋一寿序》，《罗山遗集》卷四，第13页。
③ 罗泽南：《游天井峰记》，《罗山遗集》卷五，第1页。
④ 赵尔巽等：《清史稿》卷四百九十，列传二百七十七，忠义四，第13561页。
⑤ 陈继聪：《忠义纪闻录》卷六，清光绪壬午（1882）刊本，第13页。
⑥ 罗泽南：《钟母徐孺人六旬寿序》，《罗山遗集》卷四，第18页。
⑦ 刘蓉：《钟君墓表》，《养晦堂文集》卷九，第21页。
⑧ 罗泽南：《钟母徐孺人六旬寿序》，《罗山遗集》卷四，第18页。

言行见闻记录下来,考察得失,"有过则立起自责如疾疢之在躬,必去之而后快",受到罗泽南的特别称许,并常对友人刘蓉说:"吾门为己之学,钟生则可望乎!"① 以至刘蓉在教育诸弟时常引钟近衡以为模范。② 尽管屡屡受到师长的称颂,钟近衡丝毫不志得意满,处在罗门众多弟子之中,"退然不自标异,而趋操坚定,临事明决,截然尺寸,朋侪或弗若,引义相绳,必竭其忠乃已,人皆知其爱己,改辙从之。"因此虽然"形貌短小",还是得到李续宾、李续宜、王鑫等同学的格外推重,"谓非己所及也"。③ 李续宾之所以为次子李光久聘钟近衡之女为妻,正是因为看中钟近衡的品学。罗泽南创办湘勇时,钟氏兄弟都积极参与。

易良干(?—1853),字临庄。湖南湘乡人。"蔼然有儒者之度"④,一心向学,经妻兄王鑫介绍,拜罗泽南为师。⑤ 谢邦翰(?—1853),字春池。湖南湘乡人。1841年(清道光二十一年)从罗泽南读书于朱氏别塾,"朝夕讲习,以圣贤之道相儆醒"⑥,虽然"饥寒交迫,变故频加",始终不减"向道之心"⑦。罗信东(?—1853),字介山。湖南湘乡人。罗镇南(?—1853),字晓春。湖南湘乡人。四人也都是罗泽南创办团练的积极追随者,1853年(清咸丰三年)从罗泽南援江西,一战而死于南昌城下。

当然,罗门弟子远远不止上面所述这几人,仅据《湘学略》

---

① 刘蓉:《钟君墓表》,《养晦堂文集》卷九,第21页。
② 刘蓉:《与诸弟》,《养晦堂文集》卷十,第2页。
③ 刘蓉:《钟君墓表》,《养晦堂文集》卷九,第22页。
④ 王鑫《与心牧季弟论文书》(道光庚戌),《王壮武公遗集》卷二十四,第6页。
⑤ 王鑫《与心牧季弟论文书》云:"妹倩易临庄昨相见,蔼然有儒者之度……年已及冠,自问一无所得……即欲藉予为阶主,以见先生。"(王鑫《与心牧季弟论文书》(道光庚戌),《王壮武公遗集》卷二十四,第6—7页。)
⑥ 罗泽南:《觉梦轩记》,《罗山遗集》卷五,第13页。
⑦ 罗泽南:《寄谢大春池书》,《罗山遗集》卷六,第1页。

记载，尚有潘鸿焘（字伊卿）、朱宗程（字铁桥）、罗信北（字镜堃）、翁笅登（字云窗）、易良翰（字芝生）、左枢（字梦星）等也都曾投入到湘军事业中来。① 从他们的人生经历以及交往过程中，我们可以看到，在罗泽南的影响下，罗门弟子多以程朱理学为立身处世的标准，而不像一般士人那样仅将四书作为应付科举考试的工具。罗泽南精研实学、倡言经世对罗门弟子的影响更为显著。正如《清代名人传略》所评价的："罗虽然是一位学者，却有经世之才，尤精于兵书战略。罗泽南诸如此类的成就与品质才干，在他多年教书的生涯中，也许已影响了他的学生。"② 因此，当太平天国起义爆发后，罗门弟子出于卫礼教的目的，都毫不迟疑地追随罗泽南投身到镇压太平军的活动中去，以图一展自己在师门蕴蓄的经世才干。所以，后人常评论说："按湖南之盛，始于湘军，湘军之将，多事罗山。大儒平乱之效，湘中讲学之风，皆自罗山而大著……湘乡一县之人，征伐遍于十八行省，罗山之力为多。儒门出将，书生知兵，较其功烈，近古未有也。"③

这里，我们考察以罗泽南为中心的子群体，目的绝不是仅仅讨论罗泽南及其弟子这一个案。事实上，以罗泽南为中心的子群体集中代表了湖湘理学群体的特点与精神。正如《近百年湖南学风》所说："罗泽南、李续宾、王鑫，三人者，披坚执锐以当太平军，身经百战，未享成功。而胡林翼、曾国藩、左宗棠三

---

① 李肖聃：《罗山学略第十六》，《近百年湖南学风·湘学略》，第193页。
② A·W·恒慕义主编：《清代名人传略》下册，西宁：青海人民出版社，1995年，第163页。引文原文为：Though a scholar, he was highly competent in the affairs of the world, particularly in matters of military strategy. Such were his attainments and his qualities, and these are probably the characteristics that influenced his pupils during the many years he was a teacher. (Arthur W. Hummel, "Eminent Chinese of the Chˊing Period (1644—1912)", Vol. I United States Government Printing Office, Washington, 1943, P. 540.)
③ 李肖聃：《罗山学略第十六》，《近百年湖南学风·湘学略》，第193页。

公,则知人善任使,指挥若定,幕府画啸,而坐享其成;身兼将相,爵至通侯。显晦不同,劳逸亦殊。然其困心横虑,裕以问学,以忧患动心忍性,而不以忧患丧气堕志,一也。"[1] 可以说,罗泽南及其弟子这一小群体就是晚清湖湘理学群体的一个缩影,他们与曾国藩、胡林翼、左宗棠等人虽然有官位高低、名声大小、学问浅深之不同,但是治学内容与风格、政治价值选择、人际交往圈都具有相同的一面。这样,他们就形成了一个思想相近、利益相关的群体,互相倚恃,同声共气,在重整社会秩序的过程中释放出巨大的能量。所以,曾国藩、胡林翼、左宗棠之能成为中兴名臣,并非是他们个人的力量十分巨大,而是他们善于激活一个群体的潜能,使这种潜能朝着某一个方向得到充分的发挥。于此推衍开来,也可以说晚清湖湘理学群体又激活了一个个范畴更大的群体的潜能,故此才得以挽狂澜于将倒,在一定程度上按照某种理想重建新的社会秩序。因为湖湘文化作为一种特殊的地方文化本来就同中华文化这一更宽广、更普遍的文化相关联,并且是后者的一个重要组成部分。

---

[1] 钱基博、李肖聃:《近百年湖南学风·湘学略》,第27页。

第三章　湖湘理学群体的学术特色

由"纯学术"走向"致用之学",是道咸以来一种带有趋向性的学术转向,而晚清湖湘理学群体正是将这一转向发挥到极致的一个群体。晚清湖湘理学群体的早期代表人物唐鉴在自己的著作《国朝学案小识》中提出要"守道救时",他说:"救时者人也,而所以救时者道也。正直可以慑回邪,刚健可以御强梗,庄严可以消柔佞,端悫可以折侵毁,和平可以息横逆,简易可以综繁赜,抱仁戴义可以淑身心,周规折矩可以柔血气,独立不惧可以振风规,百折不回可以定识力,守顾不重乎哉?"[①] 强调要救时就必须守道,而守道也是为了救时,也就是要将内圣与外王紧密结合起来。这一主张为咸同时期的湖湘理学群体所认同和接受,并演化为他们的主要学术特色。不过,在新的历史条件下,湖湘理学群体所要守的"道",已经不仅仅程朱理学道统,更是儒学的大道。在"守道"的基础之上,他们都把义理经世作为救世的良方加以提倡并身体力行,最终成为"救时"的重镇。

第一节　学术论辨与调和:湖湘理学群体守道的两种方式

在晚清湖湘理学群体的内部,对于程朱理学以外的其他学术表现出两种不同的态度。一种主张通过学术论辨来维护孔孟程朱

[①] 唐鉴:《守道篇叙》,《国朝学案小识》。

之道,"于异学辨之尤严"①,这主要以罗泽南、刘蓉为代表。而以曾国藩、郭嵩焘为代表的一种更为普遍的观点则主张在维护程朱理学宗主地位的前提下,吸收其他学派的可取之处,以使儒学得到发扬光大。

在罗泽南等人看来,程朱理学是孔孟之学的嫡传,是天下的唯一"正学",除此以外的学问,不是"俗学",就是"异学"。这些"俗学"、"异学"对世道人心造成了极端恶劣的影响,后世之所以无法比拟三代,就是因为"管、商之功利,佛、老之虚无,俗学之训诂、词章,陆、王之阳儒阴释又从而摇之,乱之,阻抑之,陷溺之。"② 因此辨学是关系到世运兴衰、国家兴亡的头等大事,"俗学不黜,异学不熄,欲求立乎其极,是欲之闽、越而趋陇、蜀也,安望其能至也哉!"③ 至于有人认为"议论先儒恐开后生轻薄之门",罗泽南反驳说:"吾观古之圣贤,无一不以长厚自居,而于学术之邪正,往往辨之不少恕,亦有所不得已而然也。"④ 基于以上理由,罗泽南主张排斥一切"俗学"、"异学",特别是对王阳明心学和佛、老之学拒斥尤力。

曾国藩等则把这种学术论辨看作是门户之见、意气之争。曾国藩说:

> 君子之言也,平则致和,激则召争;辞气之轻重,积久则移易世风,党仇讼争而不知所止。曩者良知之说,诚非无蔽;必谓其酿晚明之祸,则少过矣。近者汉学之说,诚非无蔽;必谓其致粤贼之乱,则少过矣。⑤

---

① 贺瑞麟:《重刻西铭讲义序》,《清麓文集》卷二,第45页。
② 罗泽南:《健庵说》,《罗山遗集》卷五,第27页。
③ 罗泽南:《人极衍义》,第24页。
④ 罗泽南:《答云浦书》,《罗山遗集》卷六,第18页。
⑤ 曾国藩:《孙芝房侍讲刍论序》,《曾国藩全集·诗文》,第256—257页。

曾国藩认为将国家的祸乱与灭亡归结为某种学术之弊所致是不符合事实的，有矫枉过正之嫌。这种激于义愤的意气之争，如果长期持续下去，容易形成党同伐异的习气，加剧不同学派之间的对立，对于儒学的整体发展非常不利。因此，他主张合会朱陆，融通汉宋，兼容诸子百家。不过，晚清湖湘理学群体内部对程朱理学以外其他学术派别的态度虽然不同，但学术宗旨却是一致的，即都同归于"守道"。

1. 关于陆王心学

自朱熹与陆九渊之间围绕"道问学"与"尊德性"、"即物穷理"与"发明本心"等问题展开争论以后，"理学"和"心学"两大派别之间的论辨诘难始终持续不断，特别是在王阳明心学兴起以后，更是如此。明朝程瞳的《闲辟录》、陈建的《学蔀通辨》，清初张烈的《王学质疑》、童能灵的《朱子为学考》、陈法的《明辨录》等都是这方面的著作。清中期以后，汉学兴盛，理学式微，程朱陆王之辨一度或息。嘉道年间，伴随着程朱理学的复兴，陆王心学也出现了复苏的苗头。一些学宗陆、王的学者借助程朱理学复兴之势，采取调和程、朱与陆、王的方式，努力扩大心学的影响。

罗泽南敏感地觉察到了这一学术动向，对于尚为浅溪暗流的心学十分警惕。为避免心学再度盛行，"废讲学以求顿悟"①，危害圣道，他不得不重提程朱陆王之辨。由于朱熹已经对陆九渊的心学思想进行了驳斥，所以罗泽南把批判的主要矛头指向了王阳明心学。他的辟王思想集中体现在《姚江学辨》一书中。《姚江学辨》著于1844年（清道光二十四年），分为上下两卷，约4万字，从学理上对朱、王之辨进行了系统而全面的论述。上卷主要依据程朱的"性"、"理"至上论批判了王阳明以"心即理"

---

① 罗泽南：《与高旭堂书》，《罗山遗集》卷六，第3页。

说为核心的心性学说,下卷主要用朱熹的"格物致知"说否定了王阳明的"致良知"说和"知行合一"说。对于陆王心学,罗泽南的基本评价是:

> 若陆子品谊、阳明勋业,固有不可磨处;但欲废讲学以求顿悟,窃禅门之宗旨,为吾儒之工夫,有害吾道匪浅,吾辈固欲取其长,嘉其功,尤不可不知其偏,而辨其谬也。①

在这里,罗氏肯定了陆九渊苦心经营荆门的政绩和王阳明平定宁王朱宸濠之乱的功业,但对于他们的学术却给予了全盘否定。认为他们由于"天资强戾,不肯下人,一种气魄,又能凌轹一切,所以一向堕在一偏去,终无挽回日子"②,对"圣道"造成了极大的危害。因此不能因为他们的品行和事功,而不追究他们在学术上的"偏"和"谬"。

针对当时很多人对王阳明事功的推崇,罗泽南还特别对王阳明平定宸濠之乱的过程作了具体的分析:

> 宸濠之变,阳明之功巨矣,为国擒贼,其志可谓忠矣。尝考其成功之由,阳明闻濠反,恐其径趋两京,伪为两广提督军门火牌云率狼达兵四十八万齐往江西公干,濠见檄果疑未发,又欲离濠之将士也,作贼心腹李仕实、刘养正伪书,贼将凌十一、闵念四投降伪状,濠侦获之,是以疑养正而不信其谋,大功之成皆因用反间之方,濠闻而多疑,故无一不中肯綮耳。除逆剿贼,此

---

① 罗泽南:《与高旭堂书》,《罗山遗集》卷六,第3页。
② 罗泽南:《公孙上》,《读孟子札记》卷一,第13页。

固忠勇之举，无可议者，而其作用则仪、秦之故智也。①

罗泽南认为，王阳明之所以建立偌大的功勋，纯是用反间之力，而不是"由学术发而为事功"，与张仪、苏秦一样行的是"妾妇"之道，不值得效仿。

与此相近，刘蓉对陆王心学也有类似的批评：

> 王氏之学，自明嘉隆时已遍天下，至今逾三百年。弟往岁尝读其书，亦恍若有得焉，以为斯道之传，果出语言文字之外，彼沾沾泥书册求之者，殆未免乎泽薮之见也。其即以措诸事而窒焉，征诸古而无据焉，反诸心而不得其安焉；向所谓恍若有得者，乃如星飞电驰，不可得追。盖迷溺于诐淫邪遁之说亦已久矣。因而自悔，始徐检孔孟程朱之训，逐日玩索，乃粗得其所以蔽陷离穷之端。②

可见，对于王阳明心学，刘蓉早年虽然一度沉迷，但终以王学为异端邪说。

曾国藩对陆王心学的态度，前后不太一致，有一个逐渐转变的过程。他的长子曾纪泽说他"笃守程朱，不弃陆王"③，当为盖棺定论之词。

曾国藩早年对陆王心学的评价远远低于程朱理学，发表了许多批评性的言论。在为唐鉴的《国朝学案小识》所作的跋中，他写道：

---

① 罗泽南：《姚江学辨》卷二，第44—45页。
② 刘蓉：《复曾涤生侍讲书》，《养晦堂文集》卷四，第26页。
③ 曾纪泽：《祭文正公文》，《曾纪泽遗集》，长沙：岳麓书社，1983年，第156页。

> 盖欲完吾性分之一源,则当明凡物万殊之等;欲悉万殊之等,则莫若即物而穷理。即物穷理云者,古昔贤圣共由之轨,非朱子一家之创解也。
>
> 自陆象山氏以本心为训,而明之余姚王氏乃颇遥承其绪。其说主于良知,谓吾心自有天,则不当支离而求诸事物。夫天则诚是也。目巧所至,不继之以规矩准绳,遂可据乎?且以舜、周公、孔子、颜、孟之知如彼,而犹好问好察,夜以继日,好古敏求,博文而集义之勤如此,况以中人之质,而重物欲之累,而谓念念不过乎则,其能无少诬耶?①

对陆九渊、王阳明之学进行了贬抑,认为学者当本朱熹的"即物穷理"之说以治学。

不过,曾国藩越来越看到陆王心学与程朱理学在维持君主专制制度和纲常伦理等方面的一致性,以及陆王心学所包含的可取内容,他曾说:

> 孔孟之学,至宋大明。然诸儒互有异同,不能屏绝门户之见……朱子主道问学,何尝不洞达本原?陆子主尊德性,何尝不实征践履……当湖学派极正,而象山、姚江亦江河不废之流……皆有合于尼山赞易损益之指。②

曾国藩认为程朱理学与陆王心学都本于孔孟之学,二者虽然在观

---

① 曾国藩:《书学案小识后》,《曾国藩全集·诗文》,第165—166页。
② 曾国藩:《复夏教授》,《曾国藩全集·书信》(五),长沙:岳麓书社,1992年,第3466—3467页。

点上互有异同,但并无根本上的分歧,因此学者不能存门户之见,对陆王心学予以歧视。

对于王阳明在事功方面所取得的成就,曾国藩尤为欣赏。为了应付艰难复杂的政治环境,他不仅吸取了王学中关于"诚"的学说以发挥主观奋斗精神,而且在实际军事、政治活动中把王阳明当成效法的榜样。他之所以功成名就,成为清朝的"中兴名臣",在很多方面是受益于王学的。无怪在他逝世后有人送了这样一幅挽联:

尽瘁武乡侯,千秋臣节;
望隆新建伯,一代儒宗。①

把曾国藩比作王阳明,认为曾国藩与王阳明一样都是学术与事功兼相并立的一代伟人。

2. 关于记诵、辞章之学和汉学

对于记诵、辞章之学,罗泽南虽未像对王阳明心学那样撰专著予以评判,但也时发贬损之词。他把记诵、辞章之学看作是"俗儒之学",认为:"记诵之学以徇外夸功为务,而不体之于身心,实一无所觉也;词章之流,铺陈古人之糟粕,而遗至道之精微,是于梦中说梦也。"② "今日之士"之所以"不能明道"、"行道",就是因为"惟徒习夫记诵、词章之学,则不复求乎身心性命之学,不求乎身心性命之学,则道遂不能明而不能行。"③ 把记诵、辞章之学与义理之学视为互相对立的。

因此,对于自己的友人罗信南溺心于辞章之学,罗泽南极力加以规劝。他认为罗信南是"希贤之资","性之所近,不仅在

---

① 黎庶昌:《曾国藩年谱·附曾国藩荣哀录》,第62页。
② 罗泽南:《觉梦轩记》,《罗山遗集》卷五,第13页。
③ 罗泽南:《文章》,《罗山遗集》卷三,第12页。

杜、韩、欧、苏,而又在濂、洛、关、闽",故希望罗信南以程朱为宗,"穷身心性命之原,更加以涵养察识之功,异日充其所学,以杜、韩、欧、苏之文发濂、洛、关、闽之旨。"①

对于以"词翰之美"闻名的好友郭嵩焘醉心辞章,刘蓉更是忧心忡忡,多次作书加以劝诫,说:"吾儒立身期其大者,苟正学不讲,德业无闻,而惟词艺是习,借使文如班马,诗驾曹刘,要亦无裨身心,无关世教。"②

对于独霸学坛百余年之久的汉学,罗泽南虽未多加评价,但从他"俗学之训诂、词章"③的提法中,也可看出他对汉学的态度。

对汉学态度最为激烈的是左宗棠,他说:"自乾隆中叶以来,声音训诂校仇之习盛,士竞时局,逐声气,以搏击儒先为能,放言无忌,酿成今日犯上作乱之祸。"④又说:"近世士大夫专尚考证、训诂、书数之学,以窥隙攻难为功,至标立汉学名字号召后进,于书之言身心性命者相戒为空疏迂阔之谈,弃置不一顾。其甚者乃敢躬冒不韪,轻议先儒,及问以四子书义,不能答,尝以利害细故,颓乱而无所守。"⑤认为正是由于学者溺于漠视现实的汉学才造成了道德沦落、人才匮乏、社会动荡的严重后果。

刘蓉对以训诂考据为特征的汉学也多有微词,他说:"至为汉学者,乃岐而二之,阿世谐俗,漠然不知志节名义之可贵。学则吾学也,行则吾不知也,世亦遂无以行谊责之者,以谓彼特为名物度数之学以资孝证而已,不当以道义相苛……学术坏而人心

---

① 罗泽南:《答云浦书》,《罗山遗集》卷六,第17页。
② 刘蓉:《复郭伯琛孝廉书》,《养晦堂文集》卷三,第25页。
③ 罗泽南:《健庵说》,《罗山遗集》卷五,第27页。
④ 左宗棠:《〈马征君遗集〉序》,《左宗棠全集·诗文·家书》,第251页。
⑤ 左宗棠:《陶文毅公节书冯定远〈杂录〉跋后》,《左宗棠全集·诗文·家书》,第278页。

风俗随之，其为害有甚于良知顿悟之说，猖狂而自恣者矣。"①

曾国藩早年虽表示"考据之学，吾无取焉矣"②，但随着学术思想的成熟，逐渐认为考据、辞章之学与义理之学是并行不悖的。他说：

> 为学之术有四：曰义理，曰考据，曰辞章，曰经济。义理者，在孔门为德行之科，今世目为宋学者也。考据者，在孔门为文学之科，今世目为汉学者也。辞章者，在孔门为言语之科，从古艺文及今世制义诗赋皆是也。经济者，在孔门为政事之科，前代典礼、政书，及当世掌故皆是也。③

认为无论是义理之学（宋学），还是考据之学（汉学）、辞章之学，都是孔门中的一门具体学科，"阙一不可"④。它们关注的侧重点虽有不同，但是所本的宗旨，所起的作用却是相同的。

因此曾国藩对于汉学与宋学的互相排斥和攻击持批评态度，认为它们都是基于门户之见而发的过激言论，于世无补。对于学者对辞章之学的贬损，他尤为反对。明确表示自己"于汉、宋二家构讼之端，皆不能左袒，以附一哄；于诸儒崇道贬文之说，尤不敢雷同而苟随。"⑤

曾国藩把汉学的宗旨概括为"实事求是"，宋学的宗旨概括为"即物穷理"，认为二者的基本精神是一致的。他指出：

---

① 刘蓉：《复郭意城舍人书》，《养晦堂文集》卷八，第6页。
② 曾国藩：《致澄弟温弟沅弟季弟》（道光二十三年正月十七日），《曾国藩全集·家书》（一），第55页。
③ 曾国藩：《劝学篇示直隶士子》，《曾国藩全集·诗文》，第442页。
④ 曾国藩：《求阙斋日记类钞·问学》，辛亥七月，《足本曾文正公全集》，第4873页。
⑤ 曾国藩：《致刘蓉》，《曾国藩全集·书信》（一），第8页。

第三章 湖湘理学群体的学术特色

> 近世乾嘉之间,诸儒务为浩博。惠定宇、戴东原之流钩研诂训,本河间献王实事求是之旨,薄宋贤为空疏。夫所谓事者,非物乎?是者,非理乎?实事求是,非即朱子所称即物穷理者乎?①

在他看来,"实事求是"和"即物穷理"都体现了传统儒学"力行"和"致用"的务实精神,实质上是相通的。他自己"一宗宋儒,不废汉学"②,并提出用《礼》来"通"汉、宋之"结"。他说:

> 乾嘉以来,士大夫为训诂之学者,薄宋儒为空疏。为性理之学者,又薄汉儒为支离。鄙意由博乃能返约,格物乃能正心。必从事于礼经,考核于三千三百之详,博稽乎一名一物之细,然后本末兼该,源流毕贯,虽极军旅战争,食货凌杂,皆礼家所应讨论之事。故尝谓江氏《礼书纲目》、秦氏《五礼通考》,可以通汉、宋二家之结,而息顿渐诸说之争。③

把《礼》视为融合汉、宋二学的结合点,认为通过提倡和研究《礼》,可以达到平息汉、宋之争的目的。

至于辞章之学,曾国藩更认为它与义理之学是相辅相成的。他继承了桐城派"文以载道"的文学观,提出"词章之学,亦所以发挥义理者也"④,并凭借自己的政治地位和声望,网络文

---

① 曾国藩:《书学案小识后》,《曾国藩全集·诗文》,第166页。
② 曾国藩:《复夏教授》,《曾国藩全集·书信》(五),第3467页。
③ 曾国藩:《复夏弢甫》,《曾国藩全集·书信》(二),长沙:岳麓书社,1991年,第1576页。
④ 曾国藩:《致澄弟温弟沅弟季弟》,《曾国藩全集·家书》(一),第55页。

士，举起重振桐城派的旗帜，开创了所谓的"湘乡派"。

与曾国藩一样，郭嵩焘也认为汉宋不可偏废，对二者采取一种兼容的态度。他说："圣人之道，其迹存乎名物象数之末，而其精究乎天人……循实以求之，考求名物象数，其制行必皆卓绝。言性理者，兼综博览，通知古今之变，亦岂不由学问之深哉？而各据其一端以相胜，亦皆足以自成其说，以务张其所学。其倡为是言者，实亦有转移天下之力。而君子之为学，求得为心而已，必能不从乎风会以与为波流，而后可言自立。"① 在实际治学过程中，郭嵩焘也以寻求义理的态度"精治经学"②，著有《礼记质疑》、《中庸章句质疑》、《大学章句质疑》、《毛诗余义》及《尚书疑义》等经学著作，特别是其中的《礼记质疑》被评价为"折衷群经，淹贯三礼，括历代制度之大，得诸家训诂之通，实兼秦惠田、王引之二家所长"③，堪称融通汉宋门户的力作。

3. 其他

在儒学的外部，罗泽南主要以佛教、道教和道家为批判对象。佛教在西汉时传入中国，经魏晋南北朝，至隋唐进入鼎盛时期。道教则是中国土生土长的宗教。东汉顺帝时，张道陵创立五斗米道，奉道家的创始人老子为教祖，以《道德经》为主要经典，道教渐臻形成。唐宋时期，因唐高宗、宋徽宗诸帝的扶助提倡，道教大盛。道教与道家，一为教，一为学，二者并不相同，各自独立，但是由于道教是在依托和吸收道家思想的基础上形成的，所以在历史上，道教与道家往往被混称为"老氏"，与佛教并称为佛、老二氏。关于佛、老的危害，罗泽南认为主要表现在以下几个方面："寂灭清净乱正道也，遗君弃亲畔人伦也，鳏居

---

① 郭嵩焘：《中庸章句质疑·序》，《郭嵩焘诗文集》，第25—26页。
② 郭嵩焘：《礼记质疑》，长沙：岳麓书社，1992年，第4页。
③ 郭嵩焘：《玉池老人自叙》，第4—5页。

寡处绝生机也，佛阁道院竭财力也。"① 即淆乱圣学、背弃人伦、破坏生活与生产。因此，罗泽南拒斥佛、老的态度也相当决绝，以为"异端之徒不绝，圣贤之道不行"，只有"禁僧道、庐寺观"，才可以实现"天下之人知正教"的理想。②

此外，对于管、晏、杨、墨之学，罗泽南也持否定态度，认为管、晏之学"卑陋"，杨、墨之学"淫邪"，都应该予以批判。③

曾国藩则自称"吾学以禹墨为体，庄老为用"④，并说"若游心能如老庄之虚静，治身能如墨翟之勤俭，齐民能如管商之严整；而又持之以不自是之心。偏者裁之，缺者补之；则诸子皆可师不可弃也。"⑤ 认为儒学与诸子学之间并无难以逾越的鸿沟，对诸子学应该采取兼容并包的态度，以采其所长。

此外，对于西学，曾国藩也能用比较开明的态度对待。他在1860年12月上的一道奏折中提出："无论目前资夷力以助剿、济运，得纾一时之忧。将来师夷智以造炮制船，尤可期永远之利。"⑥ 认为可以在技术层面上接纳西学。

左宗棠也认为："中国之睿知运于虚，外国之聪明寄于实。中国以义理为本，艺事为末。外国以艺事为重，义理为轻。彼此各是其是，两不相喻，姑置弗论可耳。谓执艺事者必舍其精，讲义理者必遗其粗，不可也。谓我之长比如外国，藉外国导其先，可也。谓我之长不如外国，让外国擅其能，不可也。"⑦ 希望能

---

① 罗泽南：《人极衍义》，第16页。
② 罗泽南：《人极衍义》，第16页。
③ 罗泽南：《滕文下》，《读孟子札记》卷一，第24页。
④ 欧阳兆熊、金安清：《一生三变》，《水窗春呓》，北京：中华书局，1984年，第17页。
⑤ 曾国藩：《求阙斋日记类钞·问学》，辛酉八月，《足本曾文正公全集》，第4884页。
⑥ 曾国藩：《遵旨复奏借俄兵助剿发逆并代运南漕摺》，《曾国藩全集·奏稿》（二），长沙：岳麓书社，1987年，第1272页。
⑦ 罗正钧：《左宗棠年谱》，第127页。

以外国为先导，学习西方的长技，赶超西方。

在对于西学的态度上，郭嵩焘则更为开放。当时，传统士大夫仍然强调明华夷之辨，郭嵩焘通过自己的实际观察，认为对西方绝不能再以蛮夷视之。他认为"西洋立国二千年，政教修明，俱有本末，与辽、金崛起一时，倏盛倏衰，情形绝异"①，批驳了传统士大夫关于"中国有道，夷狄无道"的观念，并提出只有学习外国先进的事物，方能图存图发展。所谓"西洋之入中国，诚为天地一大变。其气机甚远，得其道而顺用之，亦足为中国之利。"② 不仅如此，郭嵩焘还提出了政治改革问题，主张取法西方民族国家的现代政治制度，认为："其强兵富国之术，尚学兴艺之方，与其所以通民情而立国本者，实多可以取法"③，"西洋立国有本末，其本在朝廷政教，其末在商贾，造船制器相辅以益其强，又末中之一节耳。"④ 并总结说："西洋立国自有本末，诚得其道，则相辅以致富强，由此而保国千年可也。不得其道，其祸亦反是。"⑤ 这是郭嵩焘出使英法路上思考民族救亡问题的结论，那就是要救亡、要自强，只有向西方学习，而且要全面学习，尤其要探求西方富强之"道"。郭嵩焘曾说："西洋所以享国长久，君民兼主国政教也。（中国）圣人治民以德，德有盛衰，天下随之以治乱……西洋治民以法，法者，人己兼治也，故推其法以绳之诸国，其责望常迫。"⑥ 事实上已经指出西方现代政治制度的先进和科学，这在当时是十分有远见和胆略的，即使在晚清湖湘理学群体中也算是言论比较前卫的。

从以上的论述中可以看出，在晚清湖湘理学群体的内部，以

---

① 郭嵩焘：《郭嵩焘日记》第三卷，长沙：湖南人民出版社，1981年，第124页。
② 郭嵩焘：《复李次青》，《郭嵩焘诗文集》，岳麓书社，1984年，第225页。
③ 郭嵩焘：《郭嵩焘奏稿》，岳麓书社，1983年，第348页。
④ 郭嵩焘：《郭嵩焘奏稿》，第345页。
⑤ 郭嵩焘：《郭嵩焘日记》第三卷，第137页。
⑥ 郭嵩焘：《郭嵩焘日记》第三卷，第173页。

罗泽南为代表的一部分成员具有强烈的辨学意识，把非程朱派的思想、学说一律视为异端，竭力予以排斥，注重保持圣道圣学的纯粹性，而以曾国藩为代表的另一部分成员则伴随时局危亡程度的加深，顺应当时的学术潮流，不断修正自己的学术思想，在宗程朱的基础上，摆脱门户之见，融通汉宋、兼采陆王、吸收一切学术之长。

在晚清，理学可分为主敬派与经世派两个派别。主敬派学养较深，辨学极严，但多流于空疏，脱离实际，无补于挽救清王朝的统治危机。经世派则关注现实，重视实践，注意讲求经世之学，对于不同派别都能兼收并蓄。单就辨学这一点而言，罗泽南等人倒与同时期的倭仁、吴廷栋等主敬派的理学家有些近似，而曾国藩等人则具有典型的经世派特征。不过，不论怎样不存门户之见，在湖湘理学群体的心目中，程朱理学始终处于正宗地位，兼容并蓄而不失"守道救时"的宗旨。

第二节 义理经世：湖湘理学群体救时的主要途径

晚清湖湘理学群体学术思想的一个重要特色是主张义理经济合一。这不仅在于湖湘文化"重义理，尚经世"① 传统的影响，同时也在于晚清社会危机对于他们救亡意识的激发。他们皆以义理经世为救时的主要途径，具体而言主要表现在以下 3 个方面：

1. 知权达变

理学中包含着丰富的辩证法因素，周敦颐的《太极图说》、张载的《易说》、二程的《易传》、朱熹的《周易本义》等著作都具有朴素的辩证法观点。对此，罗泽南、曾国藩、刘蓉等湖湘

---

① 钱穆：《罗罗山学述》，《中国学术思想史论丛》第 8 册，第 309 页。

理学士人在很大程度上有所继承。

罗泽南的《周易附说》、《人极衍义》、《西铭讲义》等很多著作都表现出一种强烈的辩证精神。在《西铭讲义》中，罗泽南指出：

> 凡天下之物自无而渐之于有，复自有渐归于无，故曰化也。知化者，知天地之功用，以如是而消，如是而息，如是而盈，如是而虚，则其一身之行事，皆顺乎消息盈虚之道行去，小而饮食、起居，大而君臣、父子、夫妇、昆弟、朋友，以至于齐家、治国、平天下，莫不因时制宜，当刚而刚，当柔而柔，当进而进，当退而退。①

在他看来，天下之物莫不由"有"与"无"两个矛盾的方面组成，但"有"与"无"并不是一成不变、各自孤立的，而是可以互相转化的。

曾国藩也认识到事物的矛盾性问题，他说："天地之数，以奇而生，以偶而成。一则生两，两则还归于一。一奇一偶，互为其用，是以无息焉。物无独，必有对。"② 认为天地间的种种事物都是由两方面组成的，"物无独，必有对"就是他对事物存在矛盾这一客观现象的概括。

那么，天下间的种种事物为什么会发生转化呢？对于这个问题，刘蓉的回答是比较有代表性的。他说：

> 夫屈伸者，气也，其所以屈伸者，理也。自阴阳、

---

① 罗泽南：《西铭讲义》，第29—30页。
② 曾国藩：《送周荇农南归序》，《曾国藩全集·诗文》，第162页。

寒暑、昼夜、晦明，以至人物之生死，草木之荣枯，莫非此气之屈伸者为之。或在天，或在人，或在物，无公私，无彼此，而皆莫之或外焉者也。①

把世间事物的变化归于"理"与"气"作用的结果，把屈伸这两种基本运动状态与"理气"联系起来，用以解释事物运动变化的根本原因。

正因为有着辩证的观念，所以他们都能够用变易的观点看待历史和现实，具有知权达变的"求变"精神。罗泽南说：

二帝三王之法本于道，二帝三王之道本于天。大经大法万世所不能外，而其制度文为则必随时而损益。禹、汤、文、武即生今日，夏、商、成、周之制亦有不能尽行者。道无古今，用有古今也。必泥其迹而行之，非通儒之经济矣。②

古今之理一也。时殊势异，则其事有不可行者，不能不随时而损益。故夏之制，有不可行于商，商之制，有不可行于周，周公于其事之不合者，则必斟酌尽善，无拂乎人情之宜，亦无悖乎天理之正，事虽不能与三王尽同，其道则未尝或异。后世去三代已远，制度礼乐，无复有存，即生周公于今日，当日制作，亦有不能尽行者。③

这两段话都是说，圣人之道是万古不变的大本大源，但历代实行的制度却必须随时势的变化而变化。三代的制度再好，如果不适

---

① 刘蓉：《复罗仲岳论养气说书》，《养晦堂文集》卷三，第33页。
② 罗泽南：《人极衍义》，第11页。
③ 罗泽南：《离娄上下》，《读孟子札记》卷二，第8页。

合现在的情况,也不能盲目加以效仿。因此"通儒"在经邦治国时,首先应该懂得知权达变的道理,决不能食古不化,死守过时的制度不放。这就等于从理论上肯定了变革的合理性,在"不变"中寓于了"变"的因素。后来洋务派"变器不变道"的观点,与罗泽南所说的"道无古今,用有古今"在基本精神上是一致的。

刘蓉也指出:"天下无理外之事,斯无事外之理,善穷理者,未有不征诸事者也;善言天者,必有征于人;善言古者,必有验于今……穷理之学正所以破拘执之见,尽变通之妙也。"① 认为善于穷理者必是善于随着时势的变化而变通之士。

曾国藩也认为,研究治国之术,应该以"本朝为主,而历溯前代之沿革本末,衷之以仁义,归之所易简。前世所袭误者,可以自我更之;前世所未及者,可以自我创之。其苟且者,知将来之必敝;其知当者,知将来之必因。所谓虽百世可知也。"② 从这段话可以看出,曾国藩并不迷信古人前贤,而是以变易的观点看待前人留下的典章制度,敢于以"自我更之"、"自我创之"的态度变通其中的"袭误者"、"未及者"。曾国藩之能成为洋务运动的创始人,就在于他能够与时变通,提倡学习外国科学技术,倡办近代军事工业。

2. 求实务实

在晚清湖湘理学士人看来,要解决清政府所面临的各种现实困难,仅仅依靠道德教化是不够的,还必须关心现实,注重世务,具备一系列解决实际问题的才能。罗泽南认为,读书人除了要在"性命之精微"、"身心之功用"上下工夫外,还必须穷究"政治之得失"、"古今之兴废。"③ 他说:

---

① 刘蓉:《复彭竹溪书》,《养晦堂文集》卷三,第1页。
② 曾国藩:《求阙斋日记类钞·治道》,辛亥七月,《足本曾文正公全集》,第4911页。
③ 罗泽南:《答云浦书》,《罗山遗集》卷六,第16页。

> 士人当民社无责之日，正宜广学问，严操守，审时势，酌古今。预储所以致君者何业，泽民者何猷。出则行之，不出则卷而怀之。此才是有用之学。①

在罗泽南看来，会经国治民，才算是有用学问。

曾国藩同样注重对现实问题的关心和研究，他还在当京官的时候就"尤究心方舆之学，左图右书，钩校不倦，于山川险要、河漕水利诸大政详求折中"②，"于经世之务及在朝掌故，分汇记录。"③ 他不仅自己率先考求实务，而且还在属员中加以倡导。在《劝诫委员四条》中，曾国藩说：

> 今世万事纷纭，要之，不外四端：曰军事，曰吏事，曰饷事，曰文事而已。凡来此者，于此四端之中，各宜精习一事。习军事，则讲究战攻防守，地势贼情等件。习吏事，则讲究抚字催科，听讼劝农等件。习饷事，则讲究丁漕厘捐，开源节流等件。习文事，则讲究奏疏条教，公牍书函等件。讲究之法，不外学问二字。学于古，则多看书籍；学于今，则多觅榜样。问于当局，则知其甘苦；问于旁观，则知其效验。勤习不已，才自广而不觉矣。④

在这段话中，曾国藩既提到了要务哪些实政，又讲了怎样去务这些实政，从内容到方法都作了明确的阐述，以求培养属员的治世

---

① 罗泽南：《寄谢健庵书》，《罗山遗集》卷六，第23页。
② 黎庶昌：《曾国藩年谱》，第16页。
③ 黎庶昌：《曾国藩年谱》，第18页。
④ 曾国藩：《劝诫浅语十六条》，《曾国藩全集·诗文》，第439页。

才能。

为了倡导研讨实政,曾国藩把历史上政绩卓著的能臣诸葛亮、陆贽、范仲淹、司马光等人也列入"圣贤"之中,作为效法的榜样。他称颂这些人说:

> 诸葛公当扰攘之世,被服儒者,从容中道。陆敬舆事多疑之主,驭难驯之将,烛之以至明,将之以至诚,譬若御驽马登峻坂,纵横险阻,而不失其驰,何其神也!范希文、司马君实遭时差隆,然坚卓诚信,各有孤诣。其以道自持,蔚成风俗,意量亦远矣。①

把这四人视作"以德行而兼政事"②的典范,认为他们可以与周、程、张、朱等理学大师相媲美。

在倡导研讨实政的同时,晚清湖湘理学士人还大力提倡务实精神,反对说大话、放高论的浮伪作风。罗泽南对当时只言不行的风气进行了抨击,指出:

> 古人之学,言与行合而为一者也。以平日之所言者,励而为行,即以一身之所行者,发而为言,故闻其言,即已知其人也。今人之学,言与行分而为二者也。著为议论者,居然圣学之矩矱,见诸行事者,不免世俗之迷乱,问其言则是,问其人则非也。③

曾国藩对清朝官场盛行的浮伪风气也极为愤懑,认为"惟有自正其心,以维风俗,或可补救于万一"。"所谓正心者曰厚,

---

① 曾国藩:《圣哲画像记》,《曾国藩全集·诗文》,第248—249页。
② 曾国藩:《圣哲画像记》,《曾国藩全集·诗文》,第250页。
③ 罗泽南:《答刘孟容书》,《罗山遗集》卷六,第9页。

曰实。""厚"就是实行"恕"、"仁"之道;"实"就是"不说大话,不说虚名,不行架空之事,不谈过高之理。"①强调以"实"补"虚",用务实精神反对浮伪作风。

要务实就离不开治事。在这个问题上,罗泽南强调"寸累尺积"之功,他说:

> 以远大之功程,遽期效于旦夕,不复循序渐进以次臻于高明之域,则行远不能自迩,登高不能自卑,躐等之弊生,助长之病起矣。②

曾国藩也认为:

> 天下之事,必皆有渐,在乎积日累久,而后能成其功。是故为学既久,则道业可成,圣贤可到;为治既久,则教化可行,尧舜可至。③
>
> 古之成大业者,多自克勤小物而来。百尺之楼,基于平地;千丈之帛,一尺一寸之所积也;万石之钟,一铢一两之所累也……朱子谓为学须铢积寸累,为政者亦未有不由铢积寸累而克底于成者也。"④

强调要做好每一件小事,日积月累,循序渐进以成"大业"。那么,要做好哪些小事呢?曾国藩说:"物者何?即所谓本末之物也。身、心、意、知、家、国、天下皆物也,天地万物皆物也,

---

① 曾国藩:《求阙斋日记类钞·问学》,庚申九月,《足本曾文正公全集》,第4883页。
② 罗泽南:《又答高旭堂书》,《罗山遗集》卷六,第4页。
③ 曾国藩:《杂著·笔记·功效》,《曾国藩全集·诗文》,第378—379页。
④ 曾国藩:《杂著·笔记·克勤小物》,《曾国藩全集·诗文》,第386页。

日用常行之事皆物也。"① 这样,就把程朱理学所讲究的"格物致知"功夫,落实到实处,而不是仅仅局限在人伦方面。

对此,郭嵩焘有着相同的观点,他说:

> 所谓物者,非引外物以为诚意正心之资也。在身曰意,曰心。推而暨之,曰家,曰国,曰天下,皆物也。意心身所以自治,与家国天下所以待治之理,推而至于各物度数,因革损益,穷究其所以然,而尽其所当然,皆有一定不移之程度,是谓格。②

刘蓉也认为:"程朱之说,本末兼赅,精粗备举,良以人之一身万物皆备。故自日用伦常,以迄天地阴阳,万事万物之理,莫非学者所当穷。而穷之之功,又自有道。不可求精而遗粗,亦不可逐末而忘本也。"③ 把践履的范畴,由道德修养扩展到整个社会生活,使湖湘理学群体的学术思想显得更为开阔。

3. 强调"内圣"与"外王"的统一

"内圣"与"外王"是儒学中两个彼此联系着的组成部分。理学产生以后,"内圣"之学发展到极致,"外王"之学在理学末流中基本上处于名存实亡的境地。"格致诚正修"被无限抬高,"治平"成了无须考究,自然而然就可以达到的目标。对"外王"之学的忽略,使大多数理学家很少研究和探讨实务,以至一涉政务便空疏之极。这实际上是析学问与事功、"内圣"与"外王"为二途,从而背离了儒学中一以贯之的经世传统。与一般理学家不同的是,晚清湖湘理学士人不仅重视"内圣"之学,

---

① 曾国藩:《致澄弟温弟沅弟季弟》(道光二十二年十月二十六日),《曾国藩全集·家书》(一),第39页。
② 郭嵩焘:《大学章句质疑》,清光绪十六年(1890)思贤讲舍刊本,第7页。
③ 刘蓉:《答曾涤生检讨书》,《养晦堂文集》卷四,第14页。

也同样重视"外王"之学,从而表现出一种强烈的事功精神。

在《人极衍义》一书中,罗泽南对"内圣外王"作了系统的阐述:

> 今夫为学之道果何如哉?内以成己,外以成物,而己人之一心万物咸备,淑身淑世,至理昭著。内顾一身,养性情,正伦纪,居仁由义,只完吾固有也;外顾天下,万物皆吾心所当爱,万事皆吾职所当尽,正民育物悉在吾分内也。是故宇宙虽大,吾心之体无不包,事物虽繁,吾心之用无不贯。尽己之性,全己之天也;尽人之性,全人之天也;尽物之性,全物之天而不失也。①

罗泽南认为"内圣外王"是一个统一的整体,不仅"内圣"之学是"吾固有"的,"外王"之学同样是"吾分内"之事。因此,不能只讲其一而不讲其二,在"尽己之性"的同时,还要"尽人之性"、"尽物之性"。

曾国藩也说:"君子之立志也,有民胞物与之量,有内圣外王之业,而后不忝于父母之生,不愧为天地之完人。"②将"内圣"与"外王"并提,认为"君子"只有两者并举,才是天地间的完人。因此,他极力主张开"外王",建事功,并明确指出有14项要政为必须考究的内容。他说:"天下之大事宜考究者,凡十四宗:曰官制,曰财用,曰盐政,曰漕务,曰钱法,曰冠礼,曰昏礼,曰丧礼,曰祭礼,曰兵制,曰兵法,曰刑律,曰地舆,曰河渠。"③这些内容几乎囊括了当时清朝最主要的军国大

---

① 罗泽南:《人极衍义》,第4页。
② 曾国藩:《致澄弟温弟沅弟季弟》,《曾国藩全集·家书》(一),第39页。
③ 曾国藩:《求阙斋日记类钞·治道》,辛亥七月,《足本曾文正公全集》,第4911页。

政。对此，曾国藩不仅自己率先讲求，而且还努力加以提倡，在咸同年间的士大夫中形成了讲求经世之学的风气。

在清政府的统治危机日益严重之际，这一群有着共同学术旨趣的湖湘士人一起投入到所谓的"湘军事业"中，残酷镇压了太平天国起义，竭力为清王朝补偏救弊，建立起所谓的"中兴勋业"。正如贺麟在《五十年来的中国哲学》中所说："在前清咸同年间，清朝中兴名臣，如曾涤生、胡润芝、罗罗山三人，均能本程、朱之学，发为事功。"[①]明确指出了晚清湖湘理学士人在开掘程朱理学"外王之业"方面所做的努力。可以说，晚清湖湘理学士人对"内圣外王"之道的阐述与实践，在坚持理学的价值理性的同时，又开掘出其隐而未彰的工具理性，为日趋没落的理学注入了一些活力，从而有力地推动了理学在晚清的复兴。

---

① 贺麟：《五十年来的中国哲学》，沈阳：辽宁教育出版社，1989年，第18—19页。

第四章 湖湘理学群体的社会实践

晚清的巨变,给了湖湘理学群体一个前所未有的崛起机遇。在巨变面前,晚清湖湘理学士人进一步集结起来。在"湘军网络"中,个人感召力、同乡、师友、姻亲等关系与上下级的外在强制性规条错综复杂的交织融合,使晚清湖湘理学群体以组织化、结构化的形式表现出来,并利用地方宗族的文化传统和地方网络建构起自己的文化霸权,最终成为支配近代时局变动的关键因素。他们多年来一直坚持的政治理念,也终于有机会从地方逐渐放大到全国,虽然实践的结果未必全部符合他们的初衷。

第一节 湘军网络的形成与维系

晚清湖湘理学群体的崛起与太平天国起义有着密切的联系。正是太平军兵锋逼近湖南,给晚清湖湘理学士人集结成团提供了一个机会。然而不可否认的是,太平天国起义波及地区甚广,"两广两湖及苏、浙、皖、赣同被兵劫,起而与太平军抵抗者,官兵之外,即为各地绅士","各地绅士遭遇相同环境,而在此环境中奋斗以出,独创一种军制风格及重要之军系集团者,只有湘军。"所以说,"时势环境固然重要",作为实践主体的湖湘理学士人的"志趣、节操、胸怀、眼光",以及他们的组织形式更为重要。① 湘军网络作为晚清湖湘理学士人的主要组织形式，也自有其独特之处。

湘军网络的建立基础，最根本的在于这些湖湘理学士人具有共同的学术旨趣和对时局政事的一致认识。在曾国藩、胡林翼、左宗棠、罗泽南、郭嵩焘、刘蓉、王鑫等人的文集中，重建理想社会秩序、卫圣道、挽世运之类的言论屡见不鲜。虽然这类目标比较高远，实际上缺少约束性，但是却可以使他们始终维系崇高的志节，彼此间以此互相惊醒提撕，来振奋精神。至于对时局政事的认识，因为各人均多少有切身的感受，更成为促进改革思想形成的实际动因。因此他们之间的具体意见即使有所不同，但是这种建立在纯正学养之上的政治理想，却是他们结合的共同条件。

所以，在湘军建立之初，江忠源、曾国藩就以其远大的抱负和勇于任事的精神，成为晚清湖湘理学士人中众望所归的领袖人物。江忠源资历虽然比较低，不过是举人出身，但是早在咸丰帝下诏命曾国藩办理湖南团练之前，他已经以在籍知县的身份在家乡新宁召集人马。在湘军尚未成形之时，江忠源率领的楚勇已经多次挫败过太平军。特别是湘江蓑衣渡一战而击杀太平天国南王冯云山，使江忠源的声名与日俱增，知兵任战之名，冠于湖南全省，更非其他各省士绅所能企及。因此，晚清湖湘理学士人无不对江忠源寄予厚望。即使名位资历远远胜过江忠源的曾国藩，也计划练勇万人交给江忠源统带，并推许江忠源为湘军事业的领袖。此项计划曾国藩曾经与左宗棠协商，并希望左宗棠能够帮助自己完成这一计划。在致左宗棠的信中，曾国藩这样写道："弟欲练二三千人，远致皖中，为岷老一臂之助。默数平生之交旧，

---

① 王尔敏：《湘军军系的形成及其维系》，《中央研究院近代史研究所集刊》（台北）第 8 期，1979 年 10 月，第 1 页。

环顾天下贤豪,惟此君尚有讨贼之志,又勋名日著,亦渐为人所信仰。若代为练一劲旅,添其羽翼,则澄清之望,庶几可期。惟弟智虑短浅,独立难挹,欲乞左右,野服黄冠,翩然过我,专讲练勇一事,此外,概不关白于先生之前。"① 曾国藩以长者身份甘愿自居辅佐地位,于此可见这群理学士人对理想抱负的追求远胜过权位名分,这也是湘军网络能够紧密结合的一项重要条件。不过,江忠源虽然以知县累功升擢安徽巡抚,但是不久就阵亡于庐州,给正在形成中的湘军网络造成了很大的损失,晚清湖湘理学群体的最初计划只能重新加以修订。"烛照机先"② 的江忠源因为早亡自然无法再担任湘军网络中的主角。

在江忠源殁后,曾国藩曾经在致湖南巡抚骆秉章的信中写道:"侍十三夜接寄谕,知岷樵殉难,心绪万分作恶。侍所以办理一切,规模宜大、条例宜明者,意将交付此人。以渠为大帅,而以侍参酌其间,或有小补耳。今斯人既亡,侍之精神、才力、度量、阅历四者,皆不可以为大帅,而浪得虚名。京师之人以耳为目,动辄保奏侍出办军事,此事不知作何了局也。"③ 情势所迫,曾国藩虽然自认为不知兵事,但是因为任职京师多年,早就已经成为湖湘士人的政治代言人,学养志趣、资历威望均为湖湘士人之冠,自然只好走到前台充当领袖,与他关系密切的刘蓉、郭嵩焘、罗泽南等挚友对他无不鼎力支持。而这种支持并非是颂以空言,也非盲目服从。曾国藩后来就曾经对自己的得意门生李鸿章说:"昔麻衣道者论《易》云:学者当于羲皇心地上驰骋,无于周孔脚跟下盘旋。前此湘军,如罗罗山、王璞山、李希庵、

---

① 曾国藩:《左宗棠》(咸丰三年十月二十一日),《曾国藩全集·书信》(一),第306页。
② 赵烈文:《能静居日记》,同治六年七月十九,台北:台湾学生书局,1964年。
③ 曾国藩:《复骆秉章》(咸丰四年正月十五日),《曾国藩全集·书信》(一),第455页。

杨厚庵辈，皆思自立门户，不肯寄人篱下，不愿在鄙人及胡、骆等脚下盘旋。淮军如刘、潘等，气非不盛，而无自辟乾坤之志，多在台从脚下盘旋。岂阁下善于制驭，不令人有出蓝胜蓝者耶，抑诸公本无远志，激之而不起耶？"① 对自己有这样肝胆相照而又具有独立意识的挚友与部属颇为得意。

刘蓉在曾幕中前后三年，"幕府三年共短檠，一床风雨慰孤情，惊心夜半船头角，吹作苍凉出塞声。"② 两个书生，又皆为程朱理学的宗奉者，为了共同的理想投身于军旅之中，朝夕相处，患难与共。有一次刘蓉回乡省亲，曾国藩致书请他回幕："吾弟能来此一存视否？吾不愿闻弟谭宿腐之义理，不愿听弟论肤泛之军政，但愿朝挹容晖，暮亲臭味，吾心自适，吾魂自安。"③ 可见彼此已经成为对方的精神支柱与慰藉。

在生死系于一线的军事生涯中，他们朝出鏖兵，暮归讲道，始终不减理学家本色。以谈学论道来使烦乱的心情转为澄澈，化解了一次又一次的危机。1854 年（清咸丰四年），湘军攻下军事重镇武昌，捷报传到京师，一直处于悲观失望之中的咸丰帝喜不自禁，立刻任命曾国藩署理湖北巡抚，并兴奋地对军机大臣说："不意曾国藩一书生，乃能建此奇功。"谁知一位军机大臣却进言说："曾国藩以侍郎在籍，犹匹夫耳。匹夫居闾里，一呼，蹶起而从之者万余人，恐非国家福也。"咸丰帝听罢，"默然变色者久之"，随即收回了对曾国藩的任命，仅赏给曾国藩一个空头

---

① 曾国藩：《复骆秉章》（咸丰四年正月十五日），《曾国藩全集·书信》（一），第 455 页。

② 刘蓉：《曾太傅挽歌百首》，《养晦堂诗集》卷二，第 26 页。曾国藩也说："国藩治团练于长沙，提水师自巴陵至九江，及入江西，屯军南康，孟容皆辗转相从。三年奔走，险夷共之。"（曾国藩：《刘君季霞墓志铭》，《曾国藩全集·诗文》，第 241 页。）

③ 曾国藩：《与刘蓉》（咸丰三年十月十五日），《曾国藩全集·书信》（一），第 292 页。

第四章 湖湘理学群体的社会实践 **123**

的兵部侍郎衔。① 为了避免被臣下认为自己刻薄寡恩，咸丰帝还倒打一耙，说料定曾国藩必辞署抚，"好名之过尚小，违旨之罪甚大"，"着严行申饬"②。立功之后，受到"严行申饬"，自然引起曾国藩极大的惶恐，不禁想起了后汉太尉杨震饮鸩夕阳亭的故事，对刘蓉感叹道："当世如某公辈，学识才具，君所知也，然声名俱泰，居然一代名臣。吾以在籍侍郎，愤思为国家扫除凶丑，而所至龃龉，百不遂志，今计日且死矣，君他日志吾墓，如不为我一鸣此屈，泉下不瞑目也。"此时，作为好友的刘蓉没有简单地施以同情，而是出入古今，经过一番分析对比，认为"宜不至此"，给了曾国藩很大的安慰和支持。③

毫无疑问，在刘蓉的心目中，曾国藩是他们这一批人的当然领袖，但是在湘军初期，曾国藩身上表现出来的，却是"多怍少谐，小有异同，辄相争执"，因此对人才的吸引力不强。为此，刘蓉特别作书警示老友："窃怪老兄光明俊伟之识，豁达渊深之量，盖非时彦所及。而豪杰之士或反不乐为之用，虽夙昔有相知之雅者，亦或思引避而无景附之情，可不一思其故乎？求之不竭其诚，遇之不优其礼，用之不尽其才，三者古今所由失士之大端也。"④ 并建议曾国藩："凡举大事，当先定规模，挈纲领，合群策群力以图之。"所谓"定规模，挈纲领"，是希望曾国藩能够从大处着眼，不要拘泥于细节，这样才能"群策群力"，"使人人效其智能，勤其职事"。⑤ 对老友的缺点直言不讳，劝善规过，显然这又比单纯的鼓励与支持更为难得。

---

① 薛福成：《书宰相有学无识》，《庸庵文续编》下卷，清光绪乙丑（1889）刊本，第7—8页。
② 曾国藩：《谢恩仍辞署鄂抚摺》（咸丰四年九月十三日）朱批，《曾国藩全集·奏稿》（一），第257页。
③ 刘蓉：《曾太傅挽歌百首》注，《养晦堂诗集》卷二，第28页。
④ 刘蓉：《与曾涤生侍郎书》，《养晦堂文集》卷五，第27页。
⑤ 刘蓉：《与曾涤生侍郎书》，《养晦堂文集》卷五，第26页。

朋友相交，绝不是单方面的。不背弃处于困境中的友人，这一点曾国藩也同样能够做到。刘蓉在南康军中时，一度患了重病，曾国藩到榻前探望，为了调节刘蓉的心情故意取笑说："悲乎圣俞，欲逼我作欧阳子邪？"刘蓉虽在病中，思维仍然相当敏捷，当即反击说："果先死者为圣俞，则后死者即为永叔，此时孰欧孰梅，尚未知谁属也。"① 如此戏而不谑的情状，如果不是在情志相同的朋友之间，又如何会发生呢。后来，当刘蓉在陕西巡抚任内屡遭朝廷重责之时，曾国藩又致书予以安慰："陈蔡之厄，来书所指，敝处亦略有所闻……大约讲义理之学，而居崇高之位，则读书、知人、晓事三者缺一不可。某公读书本俭，而又不知人、不晓事，流弊一至于此。吾辈亦颇负清望，尤不能不于此三者猛省而精求之。"② 刘蓉革职还乡后，二人之间仍然时常互通款曲，一如往昔，丝毫没有因为世俗上的地位差距影响两人的情谊。

对于刘蓉，相交多年的曾国藩深知其才学足堪重用，因此每欲在荐牍中列入刘蓉的名字，都被刘蓉所阻止。据刘蓉回忆："军事少暇，每望山川风景殊胜处，欲一登览不可得，公（案：指曾国藩）每慨然谓他日幸得平贼，当弃官与君倘佯湖山烟水间，以穷清旷闲适之趣，庶几一弥此憾也。"③ 可见刘蓉追随曾国藩，为事功、为友情的成分多，为功名、为利禄的因素少。也正因为如此，他们之间才能发展出深交，并能保持终身的友谊。

与刘蓉一样，郭嵩焘也是曾国藩的积极支持者。郭嵩焘在《玉池老人自叙》中曾回忆说："吾与刘霞仙中丞在文正公幕，文正公酌定各员薪水，专谕内银钱所陈季牧云：'郭、刘与己身

---

① 刘蓉：《曾太傅挽歌百首》注，《养晦堂诗集》卷二，第32页。
② 曾国藩：《复刘蓉》（同治五年四月二十八日），《曾国藩全集·书信》（八），第5701页。
③ 刘蓉：《曾太傅挽歌百首》注，《养晦堂诗集》卷二，第26页。

同，惟所支用不为限制。'而吾与霞老数年中未尝支用一钱。亦与文正公约：'奔走效力，皆所不辞，惟不乐仕宦，不专任事，不求保。'"① 也许在郭嵩焘自己看来，他既然以墨绖从戎的理由将曾国藩劝出办理团练，自然有义务辅佐于曾国藩左右。郭嵩焘在湘军期间的活动主要是筹措军饷、办理捐务，此外在筹建水师的过程中也做出了不少贡献。1853年（清咸丰三年），江忠源在江西作战告急，曾国藩派罗泽南、郭嵩焘率领部分湘勇前往救援。在南昌，郭嵩焘发现太平军屡战屡胜的一个重要原因是拥有大量战船，水陆策应，机动灵便，于是建议"急治水师"②。自从湘军有了水师，才逐渐改变了湘军与太平军对决的劣势。曾、郭二人由谈文论道的道义之交，发展为投身于共同事业的同志，关系也越来越亲密。1858年（清咸丰八年）曾国藩将第四女纪纯许给郭嵩焘的长子刚基为妻③，二人还成为儿女亲家。曾女嫁到郭家后，与郭嵩焘的宠妾邹氏不睦，丈夫又青春早逝，以至不得温饱，"日食至粗之米，唯以菜菔为肴"④，不几年就郁郁而终。不过，这种情况，似乎并没有影响到曾、郭二人的友谊。

正是因为与曾国藩等人的友谊，使郭嵩焘这个颇具"著述之才"，而非"繁剧之才"的理想主义者卷入到湘军事业中。⑤由于在湘军中所立的功劳，郭嵩焘被任命为翰林院编修，而这距离他中进士已经有十年之久。入京供职后，郭嵩焘一度蒙咸丰帝

---

① 郭嵩焘：《玉池老人自叙》，第7页。
② 郭振墉：《湘军志平议·水师篇第六》，见《湘军志·湘军志平议·续湘军志》，长沙：岳麓书社，1983年，第241页。
③ 曾国藩咸丰八年七月初六日日记称："郭家姻事请李希庵、孙筱石为媒"。（曾国藩：《曾国藩全集·日记》（一），第252页。）同日，曾国藩还为长子纪泽聘刘蓉之女为继妻。（曾国藩：《致澄弟季弟》（咸丰八年七月初七日），《曾国藩全集·家书》（一），第400页。）
④ 曾纪芬：《崇德老人自订年谱》，见曾宝荪《曾宝荪回忆录》附录，长沙：岳麓书社，1986年，第13页。
⑤ 曾国藩：《复李鸿章》（同治元年三月），《曾国藩全集·书信》（四），长沙：岳麓书社，1992年，第2649页。

赏识，命入值南书房，成为天子近臣，谁知又因为直言冒犯了蒙古科尔沁郡王僧格林沁，被交部议处。① 无奈之下，郭嵩焘只好托疾引退，回乡隐居。然而众好友皆在为卫道救世奔忙，岂容他长久闲居，胡林翼、左宗棠、李续宾、李鸿章等人相继邀请他"共赞中兴之业"。于是在乡居两年后，只是"不能委曲以事人"，而"非无意乎事"的郭嵩焘再度出山。② 对于郭嵩焘再出，曾国藩一方面十分开心，认为又可与老友聚首，"亦天下之至快也。"③ 此时的曾国藩已经是两江总督，与太平军的对决正处于最后关头，然而在郭嵩焘到访安庆的二十六天里，曾、郭二人竟夕晤谈达二十二次之多，感情之深密不亚于当初同住京师之时。另一方面，对郭嵩焘了解至深的曾国藩又十分担心性情急躁，行政能力欠佳的郭氏再度受挫于官场。于是，在临别时特撰一联赠给郭嵩焘："好人半自苦中来，莫图便益；世事多因忙里错，且更从容。"④ 并再三嘱咐郭嵩焘的举主李鸿章说："渠性情笃挚，不患其不任事，患其过于任事，急于求效。若爱其人而善处之，宜令其专任粮道，不署他缺，并不管军务饷务。使其权轻而不遭疑忌，事简而可精谋虑，至妥至妥！切不可使权位兼隆，耳目众属，急求功效，反多损失。"⑤ 关切之情，殷殷备至。结果，郭嵩焘此行由苏松粮储道而两淮盐运使，最终升任"权位兼隆"的广东巡抚。在广东，因为求治过急，又与同官产生龃龉，终于再度被迫离职。的确，郭嵩焘急于实现理想正是他不能久于其位

---

① 曾国藩咸丰十年正月初九日日记载："又闻郭云仙被僧王弹劾，亦为悚念。"（曾国藩：《曾国藩全集·日记》（一），第457页。）

② 郭嵩焘：《与刘霞仙》，《郭嵩焘诗文集》，第180页。

③ 曾国藩：《复郭嵩焘郭崑焘》（同治元年五月初一日），《曾国藩全集·书信》（四），第2745页。

④ 曾国藩：《曾国藩全集·日记》（二），同治元年闰八月初九日，第787页。

⑤ 曾国藩：《复李鸿章》（同治元年闰八月初九日），《曾国藩全集·书信》（四），第3032页。

的根源所在。这一点,直到晚年郭嵩焘方稍有领悟:"世人欲杀定为才,迂拙频遭反噬来。学问半通官半显,一生怀抱几曾开!"① 在这一群崇尚实际的湘湘理学士人中间,思想永远超越现实的郭嵩焘更像一个观念世界中人("man of ideas"),总是沉浸在"最奇异之梦境"② 中。因此,担任谋划之职时往往屡屡见功,自己独当一面时则多以狼狈收场。

相比刘蓉、郭嵩焘二人,"不善驰马"、"目又短视"③ 的罗泽南对曾国藩的支持则主要体现在军事上。1853 年(清咸丰三年),曾国藩奉旨办理湖南团练,罗泽南即是他最早的合作者。罗门中许多弟子如王鑫、李续宾、杨昌濬等也都一起参加进来,后来皆成为湘军的骨干。对此,罗泽南在诗中记叙说:"天子诏令下,侍郎起南维。水师驶凫鹥,陆师飞熊罴。旧交入帷幕,经济酬所知。老筠与腐公,朝夕参军机。军旅我未学,末座聊追随。忆昔癸丑夏,妖氛逼江西。老筠偕我出,往助岷公威。贼闻胆已落,一战旋解围。筠车汉水回,我马吉水归。共知才不逮,誓各隐衡嶷。侍郎何殷勤,菲不我遗。"④ 1854 年(清咸丰四年)初,曾国藩驻营衡州,大练水陆各军,又与罗泽南更定陆军营制,改一营 360 人为 500 人,"每营四哨,每哨八队,亲兵一哨六队,火器刀矛,各居其半。"⑤ 陆军与水师合计共 23 营,湘军规模初具。罗泽南在创建湘军的过程中发挥了重要的作用,特别是在定立陆军营制方面有发凡起例之功,所带湘勇作为湘军的原始班底亦被曾国藩视为对抗太平军的主要力量,比同属湘军的辰勇、宝勇、新化勇等战斗力都强。此后,罗泽南随曾国藩东

---

① 郭嵩焘:《戏书小像》,《郭嵩焘诗文集》,第 785 页。
② 郭嵩焘:《玉池老人自叙》,第 37 页。
③ 薛福成:《谈相》,《庸庵笔记》,第 53 页。
④ 罗泽南:《和曾涤生侍郎会合诗》,《罗山遗集》卷二,第 18 页。
⑤ 黎庶昌:《曾国藩年谱》,第 33 页。

征西讨，复岳州，下武昌，夺田家镇，为他立下了汗马功劳。九江之役中，湘军水师溃败，曾国藩座船被太平军俘获，曾国藩羞愤难当，投水自杀，被幕僚救起，用小船送入罗泽南营中。在岸上，曾国藩又"欲策马赴敌以死"①，全靠罗泽南、刘蓉劝解乃止。

不过，罗、曾二人的友情也并非毫无波折。1855年（清咸丰五年），湘军在与太平军的对决中处处落在下风，"晓畅军略"②的罗泽南决意回援武昌寻找战局的突破点。当时曾国藩直接统辖的只有塔齐布、萧捷三、罗泽南、李元度③四军。前两军因主帅亡故，已经今非昔比，战斗力锐减，李元度军刚刚建成，缺乏战斗经验，只有罗泽南军正处在旺盛时期，"兵力最强"，"为东南数省中不可多得之劲旅。"④如果罗军西调，就会使曾国藩在江西的处境更加困难。因此，曾国藩极不愿意罗泽南离开江西，亦不免"私怨罗山之弃余而他往"，但是从大局着眼，也不禁佩服罗泽南"行军有伸有缩，有开有合"，只得忍痛同意罗泽南的请求，并增派原属塔齐布军的彭三元、普承尧两营随行。⑤

---

① 黎庶昌：《曾国藩年谱》，第56页。

② 郭嵩焘：《郭嵩焘日记》第1卷，咸丰八年十二月初二日，长沙：湖南人民出版社，1981年，第202页。

③ 李元度（1821—1887），字次青，号笏庭，别号天岳山樵、超园老人。湖南平江人。李元度也是晚清湖湘理学群体的重要成员，著有《天岳山馆文钞》、《国朝先正事略》，然似未将学问做到实处。曾国藩说李元度是"有志之士，亦算得忍辱耐苦之士，所差者，且夫尝思咬文嚼字之习气未除"，"看书时多，料理营务时少"。(曾国藩：《复李元度》（咸丰十年七月十七日），《曾国藩全集·书信》（二），第1505—1506页。) 由于李元度不善带兵，因此在战事上每多延误，致被曾国藩参革，但曾国藩始终感念李元度的情谊。曾国藩在与弟书中说："次青非常之才，带勇虽非所长，然亦有百折不回之气。其在兄处，尤为肝胆照人，始终可感。"(曾国藩：《致沅弟》（咸丰八年二月十七日），《曾国藩全集·家书》（一），第374页。) 因此，曾国藩每思与李元度结为姻亲，可惜两家儿女年龄均不相当者。后来，曾纪泽与李元度成为亲家，终于一偿曾国藩之愿。

④ 胡林翼：《整顿诸军援师会剿请敕川省迅筹军饷疏》（咸丰五年九月初一日），《胡林翼集》（一），第39页。

⑤ 曾国藩：《致沅弟》（同治元年十月十三日），《曾国藩全集·家书》（二），第887页。

当罗泽南行前，刘蓉曾经劝阻曾国藩说："罗军去，吾属且坐困。"曾国藩回答说："吾固知其然。然幸而复武汉，天下事犹可为。今与俱困于此，无益。"这次谈话的结果是，刘蓉不仅理解了曾国藩放罗西行的意义，而且还自告奋勇请求随罗泽南回援武昌。① 可见，这群湖湘理学士人相交，基于事功的成分多，基于私情的因素少。据说，罗泽南某次曾戏言："吾辈治兵，而君（案：指朱尧阶）与筠仙、树堂筹饷，天下事乃取办吾辈数人之手。"② 此语看起来有骄功之嫌，深究起来，却可以看出天下苍生系诸己的责任感和使命感才是晚清湖湘理学士人考虑问题的决定性因素。所以罗军西调事件并未真正影响曾、罗两人的关系。曾国藩每于危急时刻，首先想到的还是罗泽南，因此不断檄调他回援江西。对此，罗泽南左右为难：若不援江西，实感有负于曾国藩；若援江西，武昌则功败垂成。于是，他不顾一切地猛烈攻城，企图一举攻下武昌然后回援江西。结果在一次攻城之时，不顾兵家大忌，直薄城下，被弹片击中左额，顿时"血流被面，衣带均湿"③。回营以后日夜危坐，仍然坚持与在营诸将计议攻城方略。1856年4月12日（清咸丰六年三月初八日），罗泽南因伤势过重，不治而死，临终犹以"武汉未克，江西复危，力薄兵单，不能两顾"④ 为憾，遗命李续宾接统其军，继续与太平军对抗。罗泽南之死使曾国藩如丧左膀右臂，他沉痛地表示："吾邑伟人，此军首功，那堪闻此！"⑤ 后来，曾国藩还将自己的

---

① 郭嵩焘：《陕西巡抚刘公墓志铭》，《郭嵩焘诗文集》，第389页。
② 郭嵩焘：《郭嵩焘日记》第1卷，咸丰十一年七月十五日，第467页。
③ 王钟翰点校：《清史列传》卷四十二，北京：中华书局，1987年，第3357页。
④ 胡林翼：《官军大胜并破新垒三座疏》，《胡林翼集》（一），第109页。
⑤ 曾国藩：《与李元度》（咸丰六年四月十一夜），《曾国藩全集·书信》（一），第538页。

三女儿曾纪琛许配给罗泽南的次子罗允吉,以慰故人。①

在湘军网络中,比曾国藩崛起时间稍晚,但是却比曾国藩更具人望,与曾国藩相得益彰的核心人物则是胡林翼。胡林翼出身贵介公子,又比曾国藩早中进士,先点翰林,只是一度丁忧,复出后为官之地又处于偏远的贵州,而曾国藩"昔在京中颇著清望"②,所以胡林翼最初不如曾国藩具有号召力。1853 年(清咸丰三年)底,应湖广总督吴文镕等人的要求,胡林翼率领黔勇进入湖北,配合曾国藩部湘军与太平军作战,是为胡林翼投入湘军事业之始。然而,若论胡林翼之向湖南巡抚张亮基推荐江忠源、左宗棠等事,则胡林翼关注湖南团练早在曾国藩之前。1855 年(清咸丰五年),太平军三克武昌,湖北巡抚陶恩培兵败自杀,清廷任命胡林翼署理湖北巡抚。湘军中第一个获得封疆大任的是江忠源,他于 1853 年(清咸丰三年)出任安徽巡抚,但是不到一年即战死。次年,清廷又任命曾国藩署理湖北巡抚,不过随即收回成命。因此,胡林翼虽然是湘军中第三个获得巡抚之职的人物,但是任期长久,充分发挥了封疆大吏所能起到的作用。当时,胡林翼集湖北政、财、军大权于一身,比曾国藩处于更加有利的地位,从而成为湘军网络的灵魂人物。对于湘系诸人,胡林翼"均以国士相待,倾心结纳,人人皆有布衣昆弟之欢,或分私财以惠其室家,寄珍药以慰其父母。前敌诸军求饷求援,竭

---

① 曾、罗两家的姻事也颇多周折。曾、罗两家订亲后,曾国藩发现罗泽南生前已为次子与李续宾女儿订亲,于是在家书中写道:"余去年有一信,言第三女许罗山之次子,敬请父大人主其事……惟余去冬至九江晤李迪安,知罗山生前曾与订姻,以李女配罗子,业以当面说定,虽未过庚书,而迪安此时断不肯食言……余之第三女即另行择婚,望弟详禀父大人,可将此事中辍。"(曾国藩:《致澄弟》(咸丰七年正月十八日),《曾国藩全集·家书》(一),第 340 页。)"不意情未达,而老大人(案:指曾国藩父亲)遂已作古"(李续宾:《又复曾侍郎》,《李忠武公书牍》卷上,清光绪十七年(1891)瓯江巡署刊本,第 24 页),为了尊重死去长者的意见,李续宾同意退掉罗家的亲事。于是,曾女与罗子联姻,李续宾女与曾国华子联姻。(曾国藩:《致沅弟》(咸丰八年正月初四),《曾国藩全集·家书》(一),第 364 页。)

② 曾国藩:《致沅弟》(咸丰八年四月初九日),《曾国藩全集·家书》(一),第 382 页。

蹶经营,夜以继日,书问馈遗不绝于道……偶一出奏,则称诸将之功,而己不与焉。其兢兢以推让僚友、扶植忠良为务。"① 即使自己平日厌恶之人,胡林翼也能曲意交欢。比如,对于曾国藩的好友刘蓉,胡林翼本来厌其以清高自诩,不愿与之来往,为了共同的大业,也"折节事之"②。确实,在协调湘系内部关系方面,无论是曾国藩,还是后起的左宗棠,都远远不如胡林翼。正是在胡林翼的悉心筹措下,才出现了"楚师协和,亲如骨肉"的和谐局面。

当罗泽南率领湘军主力赴援武昌后,胡林翼对他恭敬备至,言听计从,不仅"执弟子礼甚恭,虽与僚属语,必称罗山先生,事无巨细,谘而后行",还"以女弟妻罗公长子"③,"以疆臣而为统将之晚辈。"④ 而事实上,罗泽南虽然年龄略长,不过才比胡林翼大四岁,而且当年罗泽南读书城南时,书院主讲先后为贺熙龄、胡达源,一为胡林翼师,一为胡林翼父,所以胡林翼即使不以下级视罗,与罗平辈论交即可。因此,虽然罗泽南与胡林翼结识较晚,但是胡的盛情不能不使罗泽南感动。1856 年(清咸丰六年),曾国藩坐困南昌,处境岌岌可危,五次檄调罗泽南回援。罗泽南回复说:"武汉天下枢纽,我与贼所必争之地,垂成而急释之,尤非策也。"这里除了战略上的分析外,显然还将胡林翼的知遇之情考虑在内,担心"湘勇遽然撤去,则润之(胡林翼)中丞之兵单,不能独立于南岸。"⑤ 结果是罗泽南既想攻

---

① 梅英杰:《胡林翼年谱》,见《湘军人物年谱》(一),第305页。
② 赵烈文:《能静居日记》,同治六年九月初三日。曾国藩曾评价刘蓉说:"孟容于士,类扬清激浊","稍立崖岸,别白是非,鲜所假借"。(曾国藩:《刘君季霞墓志铭》,《曾国藩全集·诗文》,第242页。)
③ 薛福成:《叙益阳胡文忠公御将》,《庸庵文编》卷四,清光绪丁亥(1908)刊本,第4页。
④ 赵烈文:《能静居日记》,同治六年九月初三日。
⑤ 罗泽南:《与曾节帅论分援江西机宜书》,《罗山遗集》卷六,第41页。

克武昌，又想回援江西，终以一死以酬曾国藩、胡林翼这两位知己以及他们所共同效命的湘军事业。

罗泽南死后，湘军主力由李续宾接统。作为罗泽南的得意弟子，在罗带兵期间，李续宾一直追随在罗的左右，又进一步受到罗的思想的熏陶。"罗公善言易，攻战之暇日相与讲习讨论"，李续宾"于屈伸消长之机、进退存亡之道，颇能默契于心。"① 因此，对于罗泽南的作战意图，李续宾总能全盘领会，是罗最得力的助手。"其在军中，泽南挈持大纲，而战守机宜，胥续宾主之。"② 李续宾接统罗军后，"治军一守罗泽南遗法。"③ 在他的率领下，湘军主力克武昌，下九江，"益发扬而光大之。"④ 故曾国藩说："湘军之兴，威震海内。创之者罗忠节公泽南，大之者公（案：指李续宾）也。"⑤ 对于李续宾，胡林翼十分欣赏，称"将领中迪庵素娴韬略，复勇于进攻，实为近今良好之将才"⑥，并倾心延纳，"欲为婚姻"，但是李续宾的子女甚至其兄弟的子女皆已定聘，胡林翼只好命嗣子子勋"以事父师礼事"李续宾，令李续宾十分感念。⑦ 李续宾之克武昌，下九江，皆赖胡林翼为有力后盾。1858年（清咸丰八年），李续宾率部进攻庐州，遭遇陈玉成率领的大股太平军。由于与太平军兵力对比悬殊，李续宾寡不敌众，遇急求援。是时，胡林翼因为奔丧回籍，湖广总督官文对求援之事置之不理，结果李续宾阵亡于三河。

三河之败，使湘军精锐尽失，也促使了胡林翼及早赶回黄州

---

① 李续宾：《读易管窥离句串义叙》，《李忠武公书牍》附录，第56页。
② 钱基博、李肖聃：《近百年湖南学风·湘学略》，第18页。
③ 赵尔巽等：《清史稿》卷四百八，列传一百九十五，第11969页。
④ 李得贤：《记湘军名将李续宾》，《文史杂志》第4卷第3、4期合刊，民国33年（1944）8月，第47页。
⑤ 曾国藩：《李忠武公神道碑铭》，《曾国藩全集·诗文》，第311页。
⑥ 胡林翼：《致保弟枫弟》（咸丰六年四月初二日），《胡林翼集》（二），第1066页。
⑦ 傅耀琳：《李续宾年谱》，见《湘军人物年谱》（一），第167页。

军营。当李续宾战死的消息传到益阳胡家之时，胡林翼"大恸仆地，呕血不得起"，"良久始苏"，乃决定墨绖从戎，而不是依礼守制。① 复出之前，胡林翼在致幕僚严树森的信中表明了自己在两难选择下的最终抉择。他写道："林翼此出，势处万难。盖出则非礼，不出则非义；出则于事未必有济，不出则于心大有不安。与迪庵（李续宾）共患难，交最深。闻难不赴，非友也。且值时会艰难，叨窃官位，若藉守孝，以遂其推诿巧避之私，鬼神鉴其微矣。"②与李续宾生前所作联语："一生只为国家苦，两字兼全忠孝难"③，意颇相近。当李续宾尸骨运达之时，胡林翼为之"迎哭于野"④，除了私谊以外，恐怕更让他伤怀的是湘军元气大丧。在胡林翼的护持下，湘军残部由李续宾之弟李续宜编练成军。李续宜虽然没有乃兄勇猛，但是谋略过之，善于"规画大计，而不甚校一战之利"⑤，"虽未足为湘军核心领袖，实可为独当一面之将帅。"⑥ 在罗泽南、李续宾等湘军名将相继丧亡之后，胡林翼对李续宜益加爱护，其致曾国藩书云："全军然后能保楚，保楚然后能谋吴，此理至明，圣人不易。楚军之将，希庵（李续宜）如硕果，如鲁灵光，无论其勋劳甚大，品行绝高，固当为国家爱惜保护之。即林翼私交，亦实有不可相离之隐。林翼同行，则希公只管兵事，战无不胜。其官事、外事，及竟外无限之事，均可代劳。"⑦ 期许倚任之情，殷殷可鉴。1861年（清咸丰十一年）胡林翼病重，犹不忘举李续宜自代。未几，胡林

---

① 梅英杰：《胡林翼年谱》，见《湘军人物年谱》（一），第266页。
② 胡林翼：《致严树森》（咸丰八年十一月二十四日），《胡林翼集》（二），第200—201页。
③ 李续宾：《李忠武公书牍·附录·联语》，第469页。
④ 胡林翼：《致严树森》（咸丰八年十二月十六日），《胡林翼集》（二），第205页。
⑤ 曾国藩：《李勇毅公神道碑铭》，《曾国藩全集·诗文》，第316页。
⑥ 王尔敏：《湘军军系的形成及其维系》，《中央研究院近代史研究所集刊》（台北）第8期，1979年10月，第9页。
⑦ 胡林翼：《致曾国藩》（咸丰九年正月初四日），《胡林翼集》（二），第213页。

翼去世，李续宜即实授湖北巡抚。

由于"小心以事友生，苦心以护诸将"①，使胡林翼赢得了比曾国藩更高的人气。② 对此，曾国藩也十分佩服。③ 虽然如此，胡林翼为了集团的整体利益，并无取代曾国藩成为湘军集团最高领袖之心。若论其出身翰林本来早于曾国藩，按照官场惯例，胡林翼当为前辈，而且胡林翼也认为曾国藩不善治兵，"恐德足以

---

① 曾国藩：《加左宗棠片》（咸丰十一年九月初三日），《曾国藩全集·书信》（三），长沙：岳麓书社，1992年，第2227页。

② 不过，由于善用权术，也为胡林翼带来德薄之讥。例如，为了结纳李续宾、李续宜兄弟，胡林翼"为迎养其父母，晨昏定省，如事父母，日发书慰二李。二李皆感激，愿尽死力。"但也引起李续宜的疑虑，他私下对曾国藩说："胡公待人多血性，然亦不能无权术。"曾国藩回答说："胡公非无权术，而待吾子昆季，则纯出至诚。"李续宜笑答："然。虽非至诚，吾犹将为尽力以灭此贼也。"（薛福成：《叙益阳胡文忠公御将》，《庸庵文编》卷四，第5、7页。）对于胡林翼喜用权术，其好友左宗棠评价他"喜任术，善牢笼"。（左宗棠：《答刘霞仙》（咸丰十年），《左宗棠全集·书信》（一），第107页。）曾国藩则说："润公聪明，本可移人霸术一路。近来一味讲求平实朴质，从日行俗事中看出至理来，开口便是正大的话，举笔便是正大之文，不意朋辈中进德之猛有如此者。"（曾国藩：《致李续宾李续宜》（咸丰八年七月），第664页。）可见，胡林翼在"义理"问题上尽管持论极严，但在政治问题上却有其"从权"的一面。既能够在修身、齐家问题上奉行义理，在治国、平天下时又能根据具体情况变通行权，通过政治策略的运用，达到既不违背根本道德原则，又能根据具体情况变通解决实际政治问题的最高艺术。这种"权术"，即使放在现代政治观念中也是毫不逊色的。事实上，湖湘理学士人多具有此种特色，只是程度不同而已。当曾国藩初练湘军之时，往往由于固守理想而碰壁，后来经父丧再出，"一以柔道行之"（欧阳兆熊、金安清：《一生三变》，《水窗春呓》，第17页），处理问题时已经能够根据现实可能接受的情况，以渐进、折中的方式和手段来实现理想。用曾国藩自己的话说就是："罗山（罗泽南）、璞山（王鑫）、希庵（李续宜）皆极高亢后乃渐归平实。即余昔年亦失之高亢，近日稍就平实。"（曾国藩：《致沅弟季弟》（咸丰十年八月十二日），《曾国藩全集·家书》（一），第571页。）一向以清高自期的刘蓉也说："君子之所宜自勉者，古大臣际衰乱之世，处昏浊之朝，与庸竖金壬相侪伍，既不忍纲常沦胥、生民涂炭，而思竭吾力以救之，抑不得不贬损风采，委蛇隐忍以共济。"（刘蓉：《与江岷樵廉访书》，《养晦堂文集》卷五，第23—24页。）王鑫对此表达得更为明确："大丈夫出身为国计，名固不求，罪亦匆避，切匆效小英雄手段，知进不知退，知经不知权，胶拘于一成之见，听操纵于庸人之手也。"（王鑫：《复李迪庵方伯》（咸丰七年六月初八日），《王壮武公遗集》卷十五，第21页。）也许，在这一群人当中，郭嵩焘可能算是一个例外。由于急于实现理想，不善于化解目的与手段的紧张，郭嵩焘不但没有使得理想获得实现，反而带来与当初理想相反的恶果。

③ 曾国藩有一联《赠胡润之宫保》："舍己从人，大贤之量；推心置腹，群彦所归。"（曾国藩：《曾国藩全集·诗文》，第109页。）

入文庙,功必不足入太庙","异日稗官野史,将蒙千古之忧。"①然而为了维护湘军集团的团结,胡林翼对曾国藩始终以长者待之。"曾公久驻江西,不管吏事,权轻饷绌,良将少,势益孤,列郡多陷者。公名位既与曾公并,且握兵饷权,所以事曾公弥谨,馈饷源源不绝。"② 不仅如此,深知曾国藩难处的胡林翼,出于公义私谊的原因,还积极为曾国藩谋取地方实权,以便使曾军摆脱长期寄人篱下、就食做客的不良局面。1857年(清咸丰七年),曾国藩适以父丧离营,廷旨仅准假三个月,随即迭次催促,命其重返江西前线,而所予之职,仍是并无实权的兵部侍郎。曾国藩因为此前仰食江西时受尽掣肘,为免再度客位虚悬,于是具折向咸丰帝讲明要"位任巡抚",否则绝不出山。谁知咸丰帝竟然顺水推舟,同意曾国藩在家守制。为给曾国藩再出提供机会,胡林翼借口浙江危急,奏请起用曾国藩督师赴援,朝廷只好再次起用曾国藩办理浙江军务。但是,没有地方职权的曾国藩始终被朝廷视为游击之军,"倏而入川,倏而援闽",1859年(清咸丰九年)与湖北合军,胡林翼"事事相顾,彼此一家,始得稍自展布。"③ 于是,胡林翼借石达开逼近四川之机,给湖广总督官文写了一封长达3000字的密信,摆出八条理由,诱使官文密荐曾国藩取代新任川督黄宗汉。在信中,胡林翼甚至吹捧官文之"心术德量"可比陶澍、林则徐,又以陶澍密保林则徐相比拟,游说官文"精心结撰"密折,"尤以必得总督为要着"④。官文见信果然入奏请旨,可是朝廷只命令曾国藩督师入川救急,并未授予川督之职。胡林翼转而又怂恿官文具奏,留曾图皖,曾国藩这才免于入川做客。1860年(清咸丰十年)夏,杭州、常

---

① 胡林翼:《复阎敬铭》,《胡林翼未刊往来函稿》,长沙:岳麓书社,1989年,第27页。
② 薛福成:《叙益阳胡文忠公御将》,《庸庵文编》卷四,第5—6页。
③ 曾国藩语,见赵烈文《能静居日记》,同治六年七月十九日。
④ 胡林翼:《致官文》(咸丰九年五月初六日),《胡林翼集》(二),第322—323页。

州、苏州相继落入太平军手中，江南大营全盘崩溃，清廷四顾无人，只得任命曾国藩署理两江总督，逾月实授，又命曾国藩为钦差大臣，督办江南军务。曾国藩带兵七年，备尝艰辛，终于渐入佳境，"获得土地人民之柄"①，这当然离不开胡林翼的鼎力支持。曾国藩在致沈葆桢的信中曾说："四月之季，胡润帅（林翼）、左季高（宗棠）俱来宿松，与国藩及次青（李元度）、筱泉（李瀚章）、少泉（李鸿章）诸人畅谈累日，咸以为大局日坏，吾辈不可不竭力支持，做一分算一分，在一日撑一日，庶冀挽回于万一。"② 又据自小在曾国藩身边长大的朱孔彰记述："江南大营复陷……左公宗棠闻而叹曰：'天意其有转机乎？'或问其故，曰：'江南大营将骞兵罢，万不足资以讨贼，得此一洗荡，而后来者可以措手。'又问谁可当之，胡公林翼曰：'朝廷能以江南事付曾公，天下不足平也。"③ 可见，对于曾国藩就任江督一事，曾、胡、左等人曾有过一番精心谋划。

可以说，正是事业的成败与志向的选择，促成了曾、胡之间的倾情结纳与密切合作，促成了他们两人的亲如一家。然而，若论情谊之深厚、性格之投契，胡、曾显然比不上胡、左。没有胡林翼等人的大力推挽、苦心护持，也就没有湘军网络最后一位领袖左宗棠的崛起。正如王尔敏所评价的，在湘军网络这几位核心领袖中，"江以早著战功为众推重，曾以京僚大吏具备资格，胡以翰林出身并已游宦外省，与曾在伯仲之间，左以才学抱负素著声名，然其同等者若罗泽南、刘蓉、李元度，本无若何区别，而罗早殁，刘晚出，李败衄，故稍有逊色，实则罗刘李并具核心领

---

① 王尔敏：《胡林翼之志节才略及其对于湘军之维系》，《中央研究院近代史研究所集刊》（台北）第7期，1978年6月，第170页。
② 曾国藩：《加沈葆桢片》（咸丰十年五月初八日），《曾国藩全集·书信》（二），第1400页。
③ 朱孔彰：《中兴将帅别传》，第7—8页。

第四章　湖湘理学群体的社会实践　137

袖资格,惟时遇不及宗棠而已。"①

早在湘军建立之前,左宗棠因胡林翼之荐,已经被湖南巡抚张亮基延入幕中执掌军机,一举筹划了长沙保卫战的胜利。当时负责办理湖南团防的曾国藩"日与张石卿中丞、江岷樵、左季高三君子感慨深谈,思欲负山驰河,拯吾乡枯瘠于万一。"② 这也是曾国藩与左宗棠的初次密切交往。张亮基调任山东巡抚后,左宗棠又被新任巡抚骆秉章延为机要幕客,主军事、奏笺。事实上,凡军民政务皆由左宗棠一手经理,"自刑名、钱谷、征兵、练勇与夫厘金、捐输,无不布置井井,洞中机宜"③,"监司以下白事,辄报左三先生可否"④,骆秉章乐于坐享其成。"骆公每公暇适幕府,左公与幕府二三人慷慨论事,证据古今,谈辩风生。骆公不置可否,静听而已。世传骆公一日闻辕门举炮,顾问何事,左右对曰:'左师爷发军报折也。'骆公颔之,徐曰:'盍取折稿来一阅?'此虽或告者之过,然其专任左公可知。惟时楚人戏称左公曰左都御史,盖以骆公官衔不过右副都御史,而左公权尚过人也。"⑤ 因此,当骆秉章具文参奏湖广总督官文保举的樊燮、栗襄时,官文十分不满,唆使樊燮赴都察院控告湖南为劣幕把持,意欲置左宗棠于死地。咸丰帝将此案交由官文全权处理,宣称"如左宗棠果有不法情事,可即就地正法。"⑥ 当左宗棠的

---

① 王尔敏:《湘军军系的形成及其维系》,《中央研究院近代史研究所集刊》(台北)第8期,1979年10月,第7页。1856年1月(清咸丰五年十二月),御史宗稷辰称称:"所知湖南有左宗棠,通权达变,为疆吏所倚重,若使独当一面,必不下于胡(林翼)、罗(泽南)。"(宗稷辰:《保荐人才疏》,《躬耻斋文钞》卷四,清咸丰元年(1851)越砚山馆刊本。)可见,若非罗泽南早亡,比左宗棠成为核心领袖的可能性更大。
② 曾国藩:《复胡林翼》(咸丰三年正月),《曾国藩全集·书信》(一),第111页。
③ 毛鸿宾:《通筹东南大局折》(咸丰十一年七月十三日),《毛尚书奏稿》卷三,清宣统二年(1910)刊本,第26页。
④ 徐宗亮:《归庐谈往录》卷一,第9页。
⑤ 薛福成:《骆文忠公遗爱》,《庸庵笔记》卷二,第37页。
⑥ 薛福成:《肃顺推服楚贤》,《庸庵笔记》卷一,第15页。

生命危如累卵时，胡林翼一方面嘱咐左速来鄂皖边界的军营，使左宗棠暂时离开险境，另一方面凭私人关系致书官文说："其案外之左生，实系林翼私亲，自幼相处。其近年皮气不好，林翼无如之何。且骆公与林翼不通信已二年，至去腊乃有私函相往还也。如此案有牵连左生之处，敬求中堂老兄格外垂念，免提左生之名。此系林翼一人私情，并无道理可说。惟有烧香拜佛，一意诚求，必望老兄俯允而已。"① 与此同时，郭嵩焘也在京中请同入值南书房的潘祖荫保荐左宗棠，并求助于深为咸丰帝倚重的肃顺。咸丰帝见潘疏中有"国家不可一日无湖南，则湖南不可一日无宗棠也"②之语，商之于肃顺，肃顺乘机请咸丰帝令官文重新定夺。官文宦海浮沉有年，老于公事，也就见风转舵，没有再继续追究下去。但是经此一事，左宗棠势必不能再回湘幕。于是，胡林翼又开始为左宗棠的出路问题筹划。

1860年（清咸丰十年），左宗棠被清廷赏以四品京堂襄办曾国藩军务。但是左宗棠恃才傲物，经常讥刺曾国藩"于兵事终鲜悟处"③，"乡曲气太重"，"才亦太缺"④，特别是还在曾国藩弃军奔丧之时对曾氏"肆口诋毁"，使曾国藩"内疚于心，得不寐之疾"⑤，所以曾国藩对左宗棠一向敬而远之。因此，虽然曾国藩感念当年兵败靖港时左宗棠对他不离不弃的情谊⑥，也了解

---

① 梅英杰：《胡林翼年谱》，见《湘军人物年谱》（一），第285页。
② 潘祖荫：《奏保举人左宗棠人材可用疏》，《潘文勤公（伯寅）奏疏》，台北：台湾文海出版社，1969年，第26页。
③ 左宗棠：《致胡林翼》（咸丰七年八月二十七日），《左宗棠未刊书牍》，长沙：岳麓书社，1989年，第27页。
④ 左宗棠：《致胡林翼》（咸丰七年十二月十三日），《左宗棠未刊书牍》，第28页。
⑤ 欧阳兆熊、金安清：《一生三变》，《水窗春呓》，第17页。
⑥ 1882年（清光绪八年），左宗棠在《〈铜官感旧图〉序》一文中追忆道："其晨，余缒城出，省公舟中，则气息仅属。所著单襦沾染泥沙，痕迹犹在。责公事尚可为，速死非义。公瞑目不语，但索纸书所存炮械、火药、丸弹、军械之数，属余代为点检而已。"（左宗棠：《左宗棠全集·家书·诗文》，第269—270页。）

左宗棠的才干，但是着实不愿与左宗棠共事。适逢四川危急，曾国藩便一再致书胡、左，委婉地表示"季公之才，必须独步一方，始展垂天之翼"①，希望左宗棠入蜀督军。偏偏左宗棠一心平吴，明确向胡林翼表示不愿入蜀。胡林翼洞悉曾、左私衷，便恳切地劝说曾国藩："季高谋人忠，用情挚而专一，其性情偏激处，如朝有争臣，室有烈妇。平时当小拂意，临危难乃知其可靠。且依丈则季公之功可成。"② 反复向众友人申明曾"不可无左"，左亦"不可无涤"③ 的道理。在胡林翼的调解下，曾国藩只好暂留左宗棠襄办军务。不过，两人在事业上虽然能够彼此合作，但是相处得并不融洽。左宗棠内心仍然瞧不起曾国藩，称其"才略太欠，自入窘乡，恐终非戡乱之人。"④ 而曾国藩在给弟弟曾国荃的信中也说："余因呆兵太多，徽、祁全借左军之力，受气不少"⑤，并致信责怪左宗棠说："文忠死，希庵归，此间竟罕共谋大局之人。每有大调度，常以缄咨敬商尊处，公每置之不论，岂其未足与语耶？"⑥ 于是，既赏识左宗棠之才干，又了解左宗棠不甘居己之下的曾国藩干脆顺水推舟，奏请将左之襄办升为帮办乃至浙江巡抚，使左宗棠终于如愿以偿，独当一面。左宗棠也不负重望，力保皖南，肃清浙江，为曾军克复安庆与金陵，起到了重大作用。而在左宗棠建功的过程中，所用的人才很多都是曾国藩"用之而不尽，或吐弃不复召者"⑦，其中最突出的一个就是王鑫。

---

① 曾国藩：《复胡林翼》（咸丰十年五月二十二日），《曾国藩全集·书信》（二），第1421页。
② 胡林翼：《致曾国藩》（咸丰十年六月初三日），《胡林翼集》（二），第614页。
③ 胡林翼：《致郭崑焘》，《胡林翼未刊往来函稿》，第151页。
④ 左宗棠：《与孝威》（咸丰十年），《左宗棠全集·家书·诗文》第14页。
⑤ 曾国藩：《致沅弟》（同治二年五月初二日），《曾国藩全集·家书》（二），第980页。
⑥ 曾国藩：《致左宗棠》（同治元年九月初七日），《曾国藩全集·书信》（五），长沙：岳麓书社，1992年，第3139页。
⑦ 左宗棠：《与胡润之》（咸丰七年），《左宗棠全集·书信》（一），第211页。

与曾、胡重用的李续宾、李续宜一样，王鑫也是罗泽南的得意弟子之一。湘乡募勇之议，最初就发于王鑫、康景晖。所以罗泽南统领的湘勇建成之后，也以王鑫、康景晖为左右营官。因为康景晖离营较早，故湘军骨干多罗、王旧部。王鑫虽然体弱多病，然而秉性刚烈，有侠义之风，带兵喜欢自出机杼，在湘军建立之初就与曾国藩意见不合。曾国藩、罗泽南更定营制后，改一营360人为500人，王鑫带兵则自定营规，仍然坚持每营360人，并拒绝将所部2200人缩减为1500人，于是与曾国藩产生矛盾。而曾国藩建湘军，正欲扫除绿营陋习，力图将个人感召力、同乡、师友、姻亲等关系与上下级的外在强制性规条融为一体，所以对王鑫这种不服从上级指令的行为极为不满，对王鑫予以封杀。适时，左宗棠正为湖南巡抚骆秉章所倚重，他与王鑫道义性情相投，认为王鑫"忠勇义烈，卓然伟人，近时造诣，益觉闳深。"① 于是，在左宗棠的支持下，王鑫的队伍得以保存下来，王鑫也由此与左宗棠结下了更为亲密的关系。直到1857年（清咸丰七年）年仅33岁的王鑫病卒于军，其队伍一直转战于湘赣边界。故《湘军志》称："宗棠佐湖南军事十年，勇将健卒多归心。其名者黄少春、崔大光、张声恒，又雅善王鑫，诸王多从之。"② 所以，1860年（清咸丰十年）左宗棠自带一军，即以王鑫从弟王开化总理全军营务，营、哨官亦多王鑫昔日下属。王开化带兵有王鑫遗风，"行军常以寡击众，虽矢石如雨之中，意思安闲，不异平常。"③ 左宗棠在皖南乃至后来在西北的军事胜利，主要依靠这支队伍。

除了王鑫以外，蒋益澧、杨昌濬这两位罗泽南的昔日弟子，也为左宗棠所用。蒋益澧（1832—1875），字芗泉。湖南湘乡

---

① 左宗棠：《答王璞山》（咸丰五年），《左宗棠全集·书信》（一），第131页。
② 王闿运：《湘军志·浙江篇第七》，见《湘军志·湘军志平议·续湘军志》，第89页。
③ 朱孔彰：《中兴将帅别传》，第97页。

人。他并非罗泽南从前在私塾所教的学生，而是在从军以后由于作战勇猛、行事刚毅而被罗泽南收为弟子的。罗泽南死后，李续宾代领罗部，蒋益澧与其互不相下，遂借口母丧告归。1857年（清咸丰七年）在左宗棠的建议下，蒋益澧应湖南巡抚骆秉章调遣复出。1862年（清同治元年）招募湘勇8000人协助左宗棠镇压浙江太平军，授浙江布政使。1864年（清同治三年）助左宗棠攻占湖州，护理浙江巡抚。1866年（清同治五年）蒋益澧取代郭嵩焘任广东巡抚，大力整顿地方，兴利除弊，裁免关税陋规，添增书院经费，设立义学，兴办善堂，因为不符合官场成例，被两广总督瑞麟疏劾任性妄为，发往左宗棠军营差委。

杨昌濬1852年（清咸丰二年）随罗泽南办团练，后来一度回乡为李续宾课子。1862年（清同治元年）随浙江巡抚左宗棠入浙镇压太平军，因功累迁至浙江布政使。1869年（清同治八年）署浙江巡抚，次年实授。1877年（清光绪三年）因牵涉杨乃武与葛毕氏案被革职。次年授甘肃布政使，协助陕甘总督左宗棠处理新疆善后事宜，对左宗棠在新疆的举措佩服不已，并赋诗一首："大将筹边尚未还，湖湘子弟满天山。新栽杨柳三千里，引得春风度玉关。"① 1883年（清光绪九年）杨昌濬授漕运总督，与两江总督左宗棠同官江南。中法战争爆发后，左宗棠授钦差大臣，主持军事。杨昌濬受命帮办福建军务，旋改任闽浙总督，在台湾防务方面提出了很多建议。1888年（清光绪十四年）杨昌濬调任陕甘总督，1895年（清光绪二十一年）因甘肃发生回民抗清起义被免职。

于此可见，蒋、杨二人不仅为左宗棠平浙竭尽全力，其后半生的履历更与左宗棠联为一处，密不可分。亦可见湘军网络并未

---

① 杨昌濬：《恭诵左公西行甘棠》，见秦翰才《左文襄公在西北》，长沙：岳麓书社，1984年，第163页。

随着曾国藩裁撤湘军而立即烟消云散。虽然到光绪年间这一网络已经颇为松散,晚清湖湘理学群体的两个领头人曾国藩、左宗棠甚至到了不通音问的程度。① 但是,我们不能据此就判定晚清湖湘理学群体已经解体。事实上,在晚清湖湘理学士人经营湘军事业的过程中,矛盾冲突自始至终一直存在。正如在前面所阐述的,在湘军建立之初,作为湘军统帅的曾国藩与作为重要将领的王鑫之间就表现出了重重矛盾。所以,这一群脾气秉性不同的人形成湘军网络不易,维持更难,若无共同的政治理想为基础,早已分崩离析。

正是缘于此种共同自觉性之使命与责任,因此,王鑫虽然与曾国藩不合,但是仍然以曾国藩为挽救时艰的领袖。所以当曾国藩坐困江西,处境危难时,王鑫十分焦急,为他四处奔走呼吁:"江右糜烂,难以救药,每念涤公孤掌难鸣,甚为痛心。"② 在行动上,王鑫更带病率领所部进援江西,以减轻曾国藩的军事压力,终于病卒于军。曾国藩闻讯挽之曰:"陡惊失万里长城,那堪死后得书,尚题七月初七夜;已拔作一朝名将,未解生前何意,仅容三十有三年。"③ 也许,从王鑫的这段话中:"世固有迹似终睽,而实神交于千里之外者,此不特难以见谅于流俗也,即一二有识之士,亦多泥其迹而莫察其心。"④ 正可透见曾王二人关系的实质。事实上,我们也可以此来看曾、左的关系。作为湖湘理学群体的楷模人物(西方所谓"role model"),曾、左之间的关系对群体的影响更大。据记载,曾国藩死后,左宗棠曾经送了这样一幅挽联:"谋国之忠,知人之明,自愧不如元辅;同心

---

① 据左宗棠说:"余与公交有年,晚以议论时事两不相合"。(左宗棠:《〈铜官感旧图〉序》,《左宗棠全集·家书·诗文》,第270页)。
② 王鑫:《与左季高先生》(咸丰五年十二月初五日),《王壮武公遗集》卷十,第6页。
③ 曾国藩:《挽王壮武公鑫》,《曾国藩全集·诗文》,第129页。
④ 王鑫:《致曾涤生侍郎》(咸丰六年十二月初八日),《王壮武公遗集》卷十二,第37页。

若金，攻错若石，相期无负平生。"① 既不避讳两人之间的矛盾，更表明了二人的共同理想与追求。也许有人会指出这是左宗棠作为一个政治人物所说的场面话，那么，左宗棠在给儿子的家信中则显然无需作伪，他写道："吾与侯所争者国事兵略，非争权竞势比，同时纤儒妄生揣拟之词，何值一哂耶？"② 类似的话在左宗棠的家书中曾出现多次，这些当可以证明左宗棠对二人关系的解释是表里如一的。他们所争持的主要是原则，而不是权力与名位。曾国藩曾经说："大抵天下无完全无间之人才，亦无完全无隙之交情。大者得正，而小者包荒，斯可耳。"③ 的确，为了一个共同的理想，晚清湖湘理学士人由分散走向统一，个性的碰撞，细节的分歧，都在所难免，只有在不违背理想的前提下求同存异，才能使事业不断发展，势力逐渐壮大。而在实现理想的过程中，他们所经历的困难，他们之间的矛盾以及解决，也形成了他们共同的记忆，这种记忆又为他们进一步实现理想提供了潜在的动力来源。

第二节 重建社会秩序的理想与实践

儒学本身是一种实践，但是理学似乎更注重道德实践。道德实践的最高目的为求得一己人格的圆满而成为圣人。而在湖湘理学士人看来，理学从来不是纯思辨的产物，只有放置在社会实践的历史脉络之中，它的意义才能够全部展现出来。外王为内圣之必然延伸，仅求内圣而不及外王，则类似佛家所称之自了汉。作

---

① 左宗棠：《挽曾文正公》，《左宗棠全集·家书·诗文》，第485页。
② 左宗棠：《与孝威》（同治十一年），《左宗棠全集·家书·诗文》，第168页。
③ 曾国藩：《致沅弟季弟》（咸丰十年八月十二日），《曾国藩全集·家书》（一），第571页。

为儒家精神的继承者,既然身在秩序之中,便有使此秩序越来越合理的责任,而不可能止于"内圣"。所以只要致力于圣学,必及于政治。这是晚清湖湘理学士人的群体立场。

在这群湖湘理学士人当中,罗泽南以其著述丰厚,最具学术品格而成为晚清理学的代表人物①。他在《人极衍义》一书中,曾对"内圣外王"作了这样的阐述:

> 今夫为学之道果何如哉?内以成己,外以成物,而己人之一心万物咸备,淑身淑世,至理昭著。内顾一身,养性情,正伦纪,居仁由义,只完吾固有也;外顾天下,万物皆吾心所当爱,万事皆吾职所当尽,正民育物悉在吾分内也。是故宇宙虽大,吾心之体无不包,事物虽繁,吾心之用无不贯。尽己之性,全己之天也;尽人之性,全人之天也;尽物之性,全物之天而不失也。②

罗泽南认为"内圣外王"是一个统一的整体,不仅"内圣"之学是"吾固有"的,"外王"之学同样是"吾分内"之事。因此,不能只讲其一而不讲其二,在"尽己之性"的同时,还要"尽人之性"、"尽物之性",这样才够全面。

晚清湖湘理学群体的核心领袖曾国藩也说:"君子之立志也,有民胞物与之量,有内圣外王之业,而后不忝于父母之生,不愧为天地之完人。"③ 将"内圣"与"外王"并提,认为"君

---

① 贺瑞麟说:"中兴以来湖南人才最盛,然以讲学著者首推忠节罗公。"(贺瑞麟:《养晦堂集书后》,《清麓文集》卷二,清光绪己亥(1899)刘传经堂刊本,第29页。)
② 罗泽南:《人极衍义》,清咸丰九年(1859)长沙刊本,第4页。
③ 曾国藩:《致澄弟温弟沅弟季弟》(道光二十二年十月二十六),《曾国藩全集·家书》(一),第39页。

子"只有两者并举,才是天地间的完人。因此,他极力主张开"外王",建事功,并明确指出有 14 项要政为必须考究的内容。他说:"天下之大事宜考究者,凡十四宗:曰官制,曰财用,曰盐政,曰漕务,曰钱法,曰冠礼,曰昏礼,曰丧礼,曰祭礼,曰兵制,曰兵法,曰刑律,曰地舆,曰河渠。"[①] 这些内容几乎囊括了当时清朝最主要的军国大政。对此,曾国藩不仅自己率先讲求,而且还努力加以提倡,鼓荡成风。

因此,我们可以这样说:在讲求"内圣"之学时,晚清湖湘理学群体是站在理学家的特殊立场的,但在推动"外王"事业时,他们又回到了一般儒家的立场。不过,必须指出的是,这两者是有机融合在一起的,我们绝不能为西方流行的二分法所误导,将这两者生硬地割裂开来。正是出于他们的政治理想,他们才有以后的政治活动。正是通过他们的政治活动,他们的政治理想才得以彰显。

出于对内圣外王之道的讲求,兼具内圣与外王之道的"礼",得到晚清湖湘理学士人的格外重视。儒家传统中的"礼"是一种社会法度,一种现实的规范秩序。但是,在儒家的不同流派那里,"礼"又含有不同的意味。孔子把"礼"解释为仁,把这种古老的外在规范约束解说成人心的内在要求,提升为生活的自觉理念,孟子发展这一线索形成了内在论的人性哲学。荀子则更加强调"礼"本有的外在的社会强制性的规范功能,发展成独具特色的"礼学"。宋明理学从孔、孟一路发展而来,虽然从未忽视"礼"的重要性,但是其重心毕竟是天人性命之学,所

[①] 曾国藩:《求阙斋日记类钞·治道》,辛亥七月,《足本曾文正公全集》,长春:吉林人民出版社,1995 年,第 4911 页。

以"礼学"的地位并不突出。直至清初王夫之①，荀子的"礼学"精神才被重新高扬起来。王夫之非常重视"礼"，尤其强调"礼"的整体纲纪性。晚清湖湘理学士人受王夫之礼学思想的影响，都十分强调"以礼经世"。如曾国藩就认为："古之君子之所以尽其心、养其性者，不可得而见；其修身、齐家、治国、平天下，则一秉乎礼。自内焉者言之，舍礼无所谓道德；自外焉者言之，舍礼无所谓政事。"②刘蓉也说："盖凡一代之兴，必有一代之礼，礼之兴替视其德，德厚者，礼从而隆，德薄者，礼从而污，上者神合焉，次者文具焉，其下苟而已。故善法先王之礼，惟其德之肖，而不必其迹之同也。"③郭嵩焘同样认为："三代王者之治，无一不依于礼，将使习其器而通其意，用其文以致其情，神而化之，使民宜之。"④罗泽南在私塾中也经常与同馆诸生讨论周礼，"见得周公当年制作，极广大，极精密……达而天下国家，治之无不得其要，此方是真实经济、有用学问。"⑤胡林翼也常说："《三礼》之学，百世不惑，讲学亦必以复礼为主。"⑥在晚清湖湘理学士人看来，"礼"上承"义理"，下则通过具体的规制范围天下万事万物，修身、齐家、治国、平天下，无所不包。"礼"就是"经济之学"，就是"治世之术"。以礼学为精神资源，晚清湖湘理学士人对当时的时政进行了评判。

在晚清湖湘理学士人生活的时代，弥漫着一股浓厚的乱世气息：吏治腐败，法纪荡然；人心涣散，道德沦丧；灾荒频仍，民

---

① 王夫之（1619—1692），字而农，号姜斋，学者称船山先生。湖南衡阳人。他积极投身抗清斗争，失败后，潜伏山林，著书立说，以表达自己的经世之志，对晚清的中国思想界，特别是湖南思想界产生了巨大的影响。

② 曾国藩：《笔记二十七则·礼》，《曾国藩全集·诗文》，第358页。

③ 刘蓉：《复曾相国书》，《养晦堂文集》卷八，第12页。

④ 郭嵩焘：《〈三礼通释〉序》，《郭嵩焘诗文集》，第118页。

⑤ 罗泽南：《与刘孟容书》，《罗山遗集》卷六，第12—13页。

⑥ 胡林翼：《致汪士铎》（咸丰十年二月初九日），《胡林翼集》（二），第488页。

生凋敝；总之是秩序混乱，弊窦丛生。对此，晚清湖湘理学士人具有清醒的认识。刘蓉在《致某官书》中就对鸦片战争之后的中国国情作了相当深刻的分析。信中说："天下之事，有不足忧者，有大可忧者。不足忧者，已形之患，英夷是也；大可忧者，方在隐而未形之间，而有厝火积薪之势，失今不图，后将有溃裂四出而不可救药者。"对于"大可忧者"，他详细讨论了五点："吏治不廉而民生之日蹙也"，"贿赂公行而官箴之日败也"，"风俗益坏而人心之日偷也"，"财用日匮而民业之日荒也"，"盗贼横行而奸民之日众也"，并把吏治腐败列为最可忧者。①

与刘蓉一样，左宗棠也对吏治腐败所造成的危害进行了猛烈的抨击。左宗棠说："一二庸臣一念比党阿顺之私，令天下事败坏至此。百尔君子，未闻有以公是公非诵言于殿陛间者。仕风臣节如此，古今未有也。"并写下"陆海只今怀禹迹，阡庐如此想尧年"②的诗句，以表示对传统儒家秩序的向往。

罗泽南也以犀利的笔触对当时士林寡廉鲜耻的状况进行了描述，他说："圣学不明，利欲熏心。士当穷庐诵读，惟揣摩利世之文，博取科第，一登仕籍，则奔竞干谒，贪婪恣肆，罔所不至，朝廷之安危，生民之休戚，一无所顾惜于其间，是贱丈夫不在市井而在朝廷矣。州县登垄断，以罔愚氓；督司登垄断，以罔州县；朝廷登垄断，以罔督司。竭生民之膏血，填无厌之谿壑，上下交征，无所不至，天下之祸，遂有不知所终极者。商贾罔利，犹必以其有易其所无，士大夫之罔利，则惟假势位之赫赫，吓诈斯民而已，其不至于败者几希。"③总之，整个士林风气败坏，在朝的士大夫占据国家要津，以权谋私，鱼肉百姓；在野的

---

① 刘蓉：《致某官书》，《养晦堂文集》卷三，第1—16页。
② 左宗棠：《癸巳燕台杂感八首》，《左宗棠全集·诗文·家书》，第456页。
③ 罗泽南：《公孙下》，《读孟子札记》卷一，清咸丰九年（1859）长沙刊本，第19—20页。

士子在科举道路上拼命钻营，以期有朝一日平步青云，跻身官场猎取富贵，而真正以匡时济世为己任，有经邦治国之才的人又被排斥在统治机构之外。

曾国藩更是在洪秀全起义之后，明确指出农民起义是由吏治腐败所造成的。他说："今春以来，粤盗益复猖獗，西尽泗镇，东极平梧，二千里中，几无一尺净土。推寻本原，何尝不以有司虐用其民，鱼肉日久，激而不复反顾。盖大吏之泄泄于上，而一切废置不问者，非一朝夕之故也。"① 不为曾国藩所用的王鑫也持同样的观点，说："窃叹数十年以来在位者泄泄沓沓，在下者泯泯棼棼，酿成此不痛不痒之世界，以致盗贼横行，几于不可收拾"②，"当今之世盗贼之害小，而吏治人心之害大，疮痍初平，团防始集，奸猾伏弩，正士怀疑，苟不得贤父母抚绥而振作之，适足以挠正气而长邪萌，于是而团散，于是而匪兴，吏治之害此其一端。"③

总的说来，晚清理学士人对当时的时事已经达成一种共识，他们认为晚清之所以出现这种变乱蜂起的局面，其根本原因就在于吏治的腐败，而吏治的腐败则由于礼教的日趋淡化。因此，他们把推行"礼治"作为挽救时局、医治人心的治本之方。

在出山之前，重建传统的社会秩序已经存在于晚清湖湘理学士人的思想之中。在平时，他们的着手点就是在本乡以"礼"化"俗"，也就是在不能行之天下时，先行之于一乡。其中，一个最主要的途径就是讲学。因此，对于罗泽南、左宗棠、郭嵩焘、王鑫、杨昌濬等人设馆授徒，我们不能仅仅把他们讲学理解为一种谋生的手段，还要从秩序重建的角度观察他们讲学施教的

---

① 曾国藩：《复胡大任》（咸丰元年），《曾国藩全集·书信》（一），第77页。
② 王鑫：《与左季高先生》（咸丰四年八月初五日），《王壮武公遗集》卷八，第33页。
③ 王鑫：《复临湘周渭川大令》（咸丰元年十一月二十八日），《王壮武公遗集》卷十二，第32页。

特色。大略言之，他们施教的直接对象首先是少数有志于"明道"、"救世"的"士"，也就是他们的门人弟子。他们希望在这批士人中，扩大理学的影响。对此，陆宝千曾用"佛家唯识之理"来加以阐释，他说："今有人于此，受'重德'观念之暗示，从事理学之研究，躬行实践，是为种子起现行。此人以其学问精醇，行止端严，或复讲学于乡。有群众慕而化之，感而信之；虽未必遂解程朱陆王之道，而于'重德'之念，固已沦肌浃髓矣；是为现生种。群众复以重德之观念暗示其若子若孙，绳绳相继，是为种生种。他日复有一人受此暗示而从事理学之研究与实践者，于是再演为种生现。"① 这段话道出了晚清湖湘理学士人讲学施教的目的，即在更多的人心中贯注"士志于道"的意识，重建一个合乎"道"的秩序。他们能做到这一点，当然与湖南的理学传统有关。"理学者，决定行为方向之学也。"② 即使实践者本人尚未臻于此境，其方向也早就已经决定。因此，虽然说晚清湖湘理学士人只是汤因比（Arnold J. Toynbee）所说的"创造少数"（creative minority），但是他们并不孤芳自赏，而是植根于丰厚的理学土壤中不断繁衍，以实现改变现状以重建人间秩序的重大任务。所以，这与现代观念所说的"精英论"（elitism）多少有些不同。

除了讲学施教以外，晚清湖湘理学群体对建立"乡约"也十分重视。"乡约"始于宋代，原是乡民自订的互劝互助的行为规条，具有以"礼"化"俗"的功能。重视"乡约"，表示他们明确地认识到，重建社会秩序必须从建立稳定的地方制度开始。事实上，儒学在中国社会上所产生的实际影响，主要是通过

---

① 陆宝千：《论罗泽南的经世思想》，《中央研究院近代史研究所集刊》（台北）第15期下册，1986年12月，第78页。
② 陆宝千：《刘蓉论——清代理学家经世之实例》，《中央研究院近代史研究所集刊》（台北）第3期下册，1972年12月，第412页。

"在下位则美俗"这条路。湖南的理学士人多年来更是沉潜于"内圣外王之道",以"礼"化"俗",为秩序重建作更长远的准备。晚清湖湘理学群体中的很多人,都曾利用"乡约"来维持地方的稳定。比如在道光末年,吏治紊乱,湘乡县的一些胥役往往诬陷良民为盗,"俾倾其资以昭雪冤诬",以至民不聊生。罗泽南认为自己有责任维护乡里百姓的利益,"乃为乡约,痛除诬陷之弊,乡俗以安。"①

不过,在出山之前,晚清湖湘理学士人虽然一直在坚持不懈地实践平生所信仰的基本价值,但是他们所追求的"秩序重建"最多只能行之一乡。没有一个特定的机缘,重建秩序是不可能进入更高的层面的。即以湘乡县城为例,湘乡县令"为政贪虐",与胥吏朋比为奸,加倍征收漕折、地丁银两,"县民苦之",湘乡士人屡次到省城告状,"大吏不省",于是公推王鑫为代表"赴都控告"。王鑫"乃赍粮走京师,行千里,疾傲,不得已罢归。"② 不过,即使上达天听,也会被"高阁束置",身为京官的曾国藩对此深有感触:"书生之血诚,徒以供胥吏唾弃之具","每念及兹,可为愤懑。"③ 这个问题仅仅由于新任湘乡县令朱孙诒愿意吸纳湘乡士人的意见而得到一定的解决。朱孙诒到任后,主动向当地士人征求意见,"举罗泽南孝廉方正;县试拔刘蓉冠其曹;延王鑫襄幕;于康景晖、李续宾、续宜皆奖勖之"④,并接受他们的建议,将"湘乡钱漕、地丁悉由书吏征解"的旧例,"易为民自投纳,官给以券。"⑤ 但是,这只是将湖湘理学士人的理想行之一县。如要行之全国,扩展规模,显然离不开权力的运

---

① 《罗忠节公年谱》卷上,第11页。
② 罗正钧:《王鑫年谱》,见《湘军人物年谱》(一),第46页。
③ 曾国藩:《复胡大任》(咸丰元年),《曾国藩全集·书信》(一),第76页。
④ 赵尔巽等:《清史稿》卷四百三十四,列传二百二十一,第12347页。
⑤ 罗正钧:《王鑫年谱》,见《湘军人物年谱》(一),第47页。

用。那么晚清湖湘理学士人又如何能够得到这样的机会呢？

正是清咸同年间的特殊历史环境为晚清湖湘理学士人提供了一个政治参与的空间，使他们的政治理想得以行之全国。晚清湖湘理学群体的实践活动涉及到许多方面，如果事事论及，则头绪过于繁杂，反而容易让人忽略整体的动向。简而言之，他们的活动主要环绕着以下三个方面进行。

第一个方面是利用宗族制度创建湘军来恢复社会秩序。

清代社会以士绅及宗族制度为骨干，而士绅与宗族又具有不可分割的关系。士绅是宗族聚集的核心，宗族则是士绅执行乡治的后盾，所以士绅与宗族间的关系是相辅相成的。对于宗族制度的运用，湖湘理学士人一向非常重视。他们认为如果宗族制度完善，可以盗贼不作，邪教不兴，争讼械斗之事绝迹，常则社会易于安定，变则团练易于合力。而且利用宗族制度作政教之基础，是符合大学"修齐治平"的道理的。太平天国既要打倒士绅的领导地位，又要摧毁中国社会的宗族家庭制度，将整个社会结构加以改造，晚清湖湘理学群体抗拒太平天国运动自然而然地亦要利用宗族的血缘组织作社会动员。当湘军成立之前，左宗棠、郭嵩焘在太平军逼近湖南时，就利用宗族组织，举族避居湘阴县城东几十里外的玉池山。湘军的组成显然更是利用晚清社会中的这种乡里宗党关系。湘军的选募标准就是以士绅为将，山民为勇。胡林翼曾明确指出："勇丁以山乡为上，近城市者最难用，性多巧滑也。百技艺皆可为勇，农夫猎户尤妙，唯书办差役断不可为勇，亦断不可招入营中。"[①] 为了利用地域观念和同乡感情加强团结，湘军不论在何地作战，凡添新勇，都要回湖南招募，募兵尤以湘乡最多。只是到了后期，才偶尔招募少量外省士兵，以补

---

① 胡林翼：《致鲍超》（咸丰七年），《胡林翼集》（二），第166页。

充兵源的不足。①

为了加强军队的思想约束力,晚清湖湘理学群体还创造了一套以礼治军的办法。具体说来,曾国藩把治军的内容分为两部分,一为"训",一为"练"。"训"侧重于思想教育,"练"侧重于军事技艺。"练者其名,训者其实",每次训练士兵,"虽不敢云说法点顽石之头,亦诚欲以苦口滴杜鹃之血。"② 其实,晚清湖湘理学群体中不仅曾国藩讲究以礼治军,罗泽南、王鑫更擅长此道。罗泽南治军"纯用其弟子领营哨"③,并刊刻自己编写的理学蒙书《小学韵语》陶冶兵卒,把军营变成了一个大私塾。王鑫则学习乃师的治军方法,在对兵勇的训练上注重明耻与教战相结合,认为"将兵者练固不可废,而训尤不可缓。"④"日教练各勇技击阵法","至夜,则令读《孝经》、《四书》,相与讲明大义","又时以义理反复训谕,若慈父之训其爱子,听者至潸然泪下"⑤,利用儒家忠孝节义的伦理思想驱使士兵卖命。

他们的这套做法,实际上就是把血亲伦理观念与尊卑等级制度融合起来,将军法、军规与家法、家规结为一体,用父子、兄弟、师生、朋友等亲友关系,来调剂上下级的尊卑关系,以减少内部冲突与摩擦,增强内部凝聚力,使士兵乐于尊敬长官,服从长官,并自觉维护长官,为长官卖命。故胡林翼说:"湘勇将士素同里闬,情义孚洽,临阵则指臂相应,故能所向克捷。"⑥ 当然,这种关系中实际上也是杂以实际利害的。为了防止士兵逃

---

① 左宗棠曾说:"湘人作将,喜用湘人,大抵皆然"。(左宗棠:《致胡润之》(咸丰九年八月初二日),《左宗棠全集·书信》(一),第360页。)曾国藩甚至"舵工、桨手皆思用湘乡人"。(曾国藩:《与朱萱》(咸丰三年九月二十八日),《曾国藩全集·书信》(一),第256页。)
② 曾国藩:《与张亮基》(咸丰三年九月),《曾国藩全集·书信》(一),第208页。
③ 王闿运:《湘军志·湖南防守篇》,见《湘军志·湘军志平议·续湘军志》,第6页。
④ 王鑫:《复曾季洪茂才》,《王壮武公遗集》卷八,第10页。
⑤ 罗正钧:《王鑫年谱》,见《湘军人物年谱》(一),第58—59页。
⑥ 胡林翼:《陈奏陆军克服咸宁山坡进兵纸坊水师克服水口进屯沌口疏》(咸丰五年十一月二十一日),《胡林翼集》(一),第70页。

跑，湘军还规定，凡应募者必须取具保结，并将其住所及父母、兄弟、妻、子姓名详细登记在册。此外，湘军薪饷虽高，但是一般只发五成饷，等士卒遣散或假归时再进行核算，酌发部分现银以充川资，其余部分由粮台统一发印票，到湖南后路粮台付清。如果士兵擅自离营，欠饷即被没收。这样，既减轻了筹饷的困难，又可以防止士兵逃跑，还可以吸引大批农民应征。更重要的一点是，一旦统领、分统、营官战死或离职，其所统部队一般要予以改组，由新任指挥官前去挑选，选中者改换门庭，余者遣散回籍。这样，打起仗来，士兵皆各护其长，唯恐长官死去部队改组。王闿运称："从湘军之制，则上下相维，将卒亲睦，各护其长。其将死，其军散；其将存，其军完，岂所谓以利为义者耶？"① 说的就是这个意思。总之，就是利用乡里宗党关系将大部分农民纳入到传统秩序中，而对一些敢于反抗之民"重则处以斩枭，轻亦立毙杖下"②，以打消他们反抗的念头。

这里还需要指出的是，由于晚清湖湘理学群体注重兵学，又创建了湘军，很自然地亦要讲求火器，于是购买西洋枪炮以及创建修械所、机器局，也都成了经世的题中应有之义。曾国藩在1860年（清咸丰十年）上的一道奏折中提出："无论目前资夷力以助剿、济运，得纾一时之忧。将来师夷智以造炮制船，尤可期永远之利。"③ 1861年（清咸丰十一年）秋，湘军攻陷安庆三个月之后，在条件允许的情况下，曾国藩即在安庆设内军械所，试制新式船炮。1865年（清同治四年），中国第一个规模最大的近代军工企业——江南制造局又在上海创建。对于该局经费的筹

---

① 王闿运：《湘军志·营制篇第十五》，见《湘军志·湘军志平议·续湘军志》，第163页。

② 曾国藩：《与徐玉山》（咸丰三年二月），《曾国藩全集·书信》（一），第128页。

③ 曾国藩：《遵旨复奏借俄兵助剿发逆并代运南漕摺》，《曾国藩全集·奏稿》（二），长沙：岳麓书社，1987年，第1272页。

措，机器设备的购置，管理人员的委派，洋匠的雇请以及机构的设立，曾国藩都亲自予以过问。江南制造局开始只是制造新式枪、炮、火药。1867年（清同治六年）曾国藩又奏准拨款在江南制造局内增设船厂，专司轮船试制工作。湖湘理学群体的另一领袖左宗棠也认为："至中国自强之策，除修明政事、精练兵勇外，必应仿造轮船，以夺彼族之所恃。"① 1866年（清同治五年），左宗棠正式向清政府提出自行设厂制造轮船的建议，不久，中国诞生了中国第一家近代造船厂——福州船政局。1866年（清咸丰五年），蒋益澧刚任广东巡抚，就向清政府建议在沿海省份建设铁厂，制造轮船。他担任广东巡抚不到两年，就向法、英等国购买了澄清、绥靖、镇海等6艘轮船，用银24.4万两。晚清湖湘理学群体的另一成员杨昌濬也认为："自强之计，宜用外人之器，师外人之长。"② 因此，他担任浙江巡抚后，就命令士兵练习洋枪、洋炮，升任陕甘总督后，更奏请铺设西安至嘉峪关的陆路电线。不过，晚清湖湘理学群体之讲求西学，尚处于初始阶段。正如曾国藩所说的："欲求自强之道，总以修政事、求贤才为急务，以学作炸炮、学造轮舟等具为下手功夫。"③学习西方只是自强的一个手段，而且不如改良吏治等传统方法重要，晚清湖湘理学群体基本上是持此种观点的。但是，毕竟他们使经世致用的传统思想与应变图新观念相结合，并由此而产生了中体西用的价值观念。

第二个方面是改良吏治来维护社会秩序。

如前所述，对于吏治的腐败，晚清湖湘理学士人很早就有清醒的认识，而且他们也都认识到重建传统秩序应该从吏治着手。

---

① 左宗棠：《上总理各国事务衙门》（同治四年），《左宗棠全集·书信》（一），第598页。
② 蔡冠洛：《清代七百名人传》中册，北京：中国书店，1984年，第1397页。
③ 曾国藩：《曾国藩全集·日记》（二），同治元年五月初七日，第748页。

比如，曾国藩就说："以吏治大改面目，并变风气为第一，荡平疆土二千里，犹为次著。"① 胡林翼也说："救天下之急证莫如选将，治天下之真病莫如察吏。兵事如治标，吏事如治本。"② 左宗棠也认为："戡乱之道，在修军政，尤在饬吏事。军政者弭乱之已形，吏事者弭乱之未发也。用人之道重才具，尤重心术。才具者政事所由济，心术者习尚所由成也。"③

所以他们在取得地方政权后，无不以参劾、罢免不称职的官吏为急务。胡林翼在抚鄂后，对于不勤吏事、贪图享乐以及贪污中饱、欺压百姓的官吏都予以参劾、罢免。比如"以不能久住账房为词"，"且任事已久，于江夏县团练毫无布置"④ 的江夏县令江世玉，还有"私设厘金小局"⑤，中饱私囊的代理汉州县候补县丞曹福增等人，都被胡林翼请旨革职。甚至在病重时，胡林翼还劾去数人。正如他自己所说的："在此一日，必劾贪官怯将，所谓'一息尚存，此志不懈。'"⑥ 左宗棠握有地方军政大权以后也把"察吏"作为重点，数次上奏将那些"年力衰颓，昏聩不职"，"貌似有才，心殊狡诈"⑦，"才庸识暗，贪利忘公"⑧ 的官吏革职。除曾、左、胡等领袖之外，晚清湖湘理学群体中其

---

① 曾国藩：《复胡林翼》（咸丰十年七月二十二日），《曾国藩全集·书信》（二），第1516页。
② 胡林翼：《致周乐》（咸丰七年），《胡林翼集》（二），第169页。
③ 左宗棠：《甄别道员厅县折》（同治二年正月十五日），《左宗棠全集·奏稿》（一），长沙：岳麓书社，1987年，第164页。
④ 胡林翼：《特参提督违例需索请旨严行查究疏》（咸丰五年六月二十四日），《胡林翼集》（一），第24页。
⑤ 胡林翼：《特参抽取汉川县厘金知县疏》（咸丰七年十二月初六日），《胡林翼集》（一），第402页。
⑥ 胡林翼：《致郑敦谨》（咸丰六年十一月廿五日），《胡林翼集》（二），第149页。
⑦ 左宗棠：《甄别道员厅县折》（同治二年正月十五日），《左宗棠全集·奏稿》（一），第164页。
⑧ 左宗棠：《参革庸劣知县刘荣亮等员折》（光绪二年四月二十八日），《左宗棠全集·奏稿》（六），长沙：岳麓书社，1992年，第468页。

他担任督抚者也无不身体力行,在自己所辖地区大力整饬吏治。例如,蒋益澧在护理浙江巡抚时,"遴乡士之朴诚者,予以厚资,令微服赴郡县密考牧令政绩,复察得实,即甄别之。"① 他担任广东巡抚后,更以整饬吏治为要务,兴利除弊,"奏裁太平关税陋规四万两,斥革丁胥,改由巡抚委员征收。"②

不过,罢免不称职的官员容易,如无合格的官员接手,吏治之弊等于并无改善。所以晚清湖湘理学群体还破格引用贤能以充实官僚队伍,并藉他们之力澄清吏治。他们在选用人才上有严格的标准,概而言之,不过德、才两点。曾国藩说:"余谓德与才不可扁重。譬之于水,德在润下,才即其载物灌田之用;譬之于木,德在曲直,才即其舟楫栋梁之用。德若水之源,才即其波澜;德若木之根,才即其枝叶。德而无才以辅之则近于愚人,才而无德以主之则近于小人。"又说:"二者既不可兼,与其无德而近于小人,毋宁无才而近于愚人。"③ 可见,曾国藩用人主要强调"德"。胡林翼的用人标准与曾国藩相似,也十分注重"德",他认为:"大抵圣贤不可必得,必以志气节操为主。尝论孔、孟之训,注意狂狷。狂是气,狷是节,有气节,则本根已植,长短高下,均无不宜也。"④ 但是在实际选用人才的过程中,胡林翼往往还要求兼具一技之长,因此选用的人才多能切合实用,而曾国藩"用人往往德有余而才不足"⑤,以致被尚才而又

---

① 费行简:《近代名人小传》,台北:明文书局,1985年,第578—579页。
② 赵尔巽等:《清史稿》卷四百八,列传一百九十五,第11969页。
③ 曾国藩:《笔记十二篇·才德》,《曾国藩全集·诗文》,第390页。
④ 胡林翼:《致刘齐衔》(咸丰九年正月二十三日),《胡林翼集》(二),第226—227页。
⑤ 曾国藩:《致沅弟》(同治元年十一月二十三日),《曾国藩全集·家书》(二),第907页。

有些意气用事的左宗棠所诟病①。不过,总的说来,晚清湖湘理学士人在任用贤能改良吏治方面还是颇多建树的,无怪乎清末学者夏震武说:"数十年来朝野上下所施行,无一非湘乡之政术、学术也。"②《清史稿》在为曾、左等人引荐的人才作传时也评论说:"此十人中虽治绩不必尽同,其贤者至今尤绘人口,庶几不失曾、左遗风欤。"③

第三个方面,也是最重要的一个方面是转变风尚,重塑理学价值观念。

晚清湖湘理学群体之初出山之时,就打出"卫道"的旗帜,将湘军称为"义师",把创办湘军称为"起义"④,并作《讨粤匪檄》为出师宣言。攻击太平天国"举中国数千年礼义人伦、诗书典则,一旦扫地荡尽",认为"此岂独我大清之变,乃开辟以来名教之奇变",并重申孔孟程朱所宣扬的"君臣父子,上下尊卑,秩然如冠履之不可倒置",号召读书人起来"卫道",以恢复行将崩溃的传统秩序。⑤ 在晚清湖湘理学群体看来,只要传统秩序不全面崩溃,文化认同感就不致幻灭,清王朝也不会灭亡。在这场对决中,文化的价值体系、社会秩序、清王朝是三位一体的。因此,他们每占领一地,都竭力宣扬忠孝节义等道德观念。1855年(清咸丰五年),罗泽南攻克广信后,就与李续宾一起出资重修了谢公祠,并以死于太平天国战事的雷封、蔡中和等11人附祀。当时,有人对此很不理解,说:"大难初平,生民未

---

① 据曾国藩的好友欧阳兆熊称,降将李楚材身怀绝技,大约不符合曾国藩对"德"的要求而被曾氏弃而不用,李楚材求欧阳兆熊向左宗棠推荐,欧阳兆熊说:"不须作函,但云由曾营过弃而不用,故此投效,必当收录。"后来李楚材果然被左宗棠重用,颇立战功。(欧阳兆熊、金安清:《李楚材》,《水窗春呓》,第6页。)由此可以想见,曾、左选用人才标准的些许不同。

② 夏震武:《灵峰先生集》第4卷,第57页。

③ 赵尔巽等:《清史稿》卷四百四十七,列传二百三十四,第12511页。

④ 曾国藩曾对赵烈文说:"起义之初,群疑众谤。"(赵烈文:《能静居日记》,同治六年七月十九日。)

⑤ 曾国藩:《讨粤匪檄》,《曾国藩全集·诗文》,第232页。

辑，何遽为此不急之务邪？"罗泽南回答说："此正今日之急务也。人之所以能撑持世运者，此节义耳。夫节义岂必时穷而后见哉！天下无事，士人率以名节相尚，处则浴德澡身，出则为斯民兴利除害，斯世必不至于乱。即乱矣，相与倡明大义，振厉士气，当万难措手之际，从而补救之，削平之，未始不可挽回。"①在罗泽南看来，如果人人都按照三纲五常立身行事，那么传统统治秩序自然就恢复了。王鑫军行所至，"辄以忠义风动其民。"②1857年（清咸丰七年），他路过一陈姓村，见当地的《崇仁志》上有"理学"、"忠节"、"节义"的目录，就对村人说："尔辈今日尚知有此六字乎？尧、舜人皆可为，特患志不立耳。"③此外，晚清湖湘理学群体还要求清廷对那些为清王朝尽忠尽节的人进行旌恤。胡林翼最早在湖北设立节义局，奏报表彰"殉难"官绅士女多达4万多人。在奏折中，胡林翼声称："窃臣前因湖北省自咸丰二年以来，节次剿贼，阵亡殉难各官绅，因武汉屡经失守，案卷无存，未能随时查办。因恐忠义之迹，历久湮没，无以劝臣节而正人心，饬令藩司设立节义局，并饬各地方官绅确查，随时详办。"④后来曾国藩也于1860年（清咸丰十年）在祁门成立两江忠义局，委派陈艾等人搜集和整理太平天国战事中被杀或自杀身死的官员士绅资料，由曾国藩汇总奏请建祠堂。在奏折中，曾国藩也申明了自己请建祠堂的原因："江苏、安徽各省，历年剿贼阵亡殉难官绅，因省垣失守，案卷被焚，未经随时查办者，计必不少。此次苏、常之陷，变起仓猝，其遇害官绅士女，尤不忍令其湮没。臣奉命署理江督后，即于行营设立忠义

---

① 罗泽南：《重修谢叠山先生祠引》，《罗山遗集》卷五，第21页。
② 左宗棠：《王道剿贼迭胜疾殁军中折》（咸丰七年八月二十一日），《左宗棠全集·奏稿》（九），长沙：岳麓书社，1996年，第574页。
③ 王鑫：《王壮武公遗集》卷二十二，第26页。
④ 胡林翼：《吁请恩恤殉难文武员弁疏》（咸丰七年正月二十四日），《胡林翼集》（一），第213—214页。

局，委员采访，详核事实，兼考世系，出示遍行晓谕，或由司道具详，或由府厅州县汇报，或由该家属经禀。臣随时具奏，请建总祠总坊。其死事尤烈者，另建专祠专坊，以慰忠魂而维风化。"① 蒋益澧在护理浙江巡抚期间也上过《请优恤包村义民疏》等奏疏，"以慰忠魂而彰节烈。"② 除了上奏请旌、褒扬殉节官绅以外，他们还将死难者的事迹汇集成书。同治初年，曾国藩的幕僚、理学家方宗诚就在安庆负责纂修《两江忠义录》，把曾国藩前后数十次上奏的请恤折忠义案编成一书，并且自编了一本《辑录忠义节烈绝命诗文》。后来，郭嵩焘、罗汝怀、曾耀湘、左宗植等人还设立了"忠义录书局"，又称"忠义书局"，专门编撰《湖南忠义录》（后更名为《湖南褒忠录》），褒扬在战争中殉难的湘军将士和地方官绅。他们这样做，目的是为了"以忠诚为天下倡"③，从褒贬的取向上起到社会教化的作用。

在致力于维系社会风化的同时，晚清湖湘理学群体还积极兴办书院、义学，恢复科举考试，创办书局，以此重塑理学价值观念。由于连年战乱，大量书院在战火中被焚毁、破坏，如湖南"岳麓书院，在善化县西岳麓山下……咸丰二年粤寇犯长沙，斋舍倾圮"④，"城南书院，在府城南门外……咸丰二年寇犯长沙，堂室斋舍毁坏。"⑤ 1860 年（清咸丰十年），太平军打到杭州，浙江书院毁坏者达 50 余所，著名的杭州诂经精舍也俱为邱墟。因此，晚清湖湘理学群体只要条件允许，无不以兴教劝学为己任。1853 年（清咸丰三年）罗泽南驻军衡州时，就修复了石鼓

---

① 曾国藩：《行营设立忠义局采访忠义第一案片》（咸丰十年七月初三日），《曾国藩全集·奏稿》（二），长沙：岳麓书社，1987 年，第 1197 页。
② 蒋益澧：《请优恤包村义民疏》，《同治中兴京外奏议约编》卷六，清光绪元年（1875）刊本，第 33 页。
③ 曾国藩：《湘乡昭忠祠记》，《曾国藩全集·诗文》，第 304 页。
④ 曾国荃、李元度等：《湖南通志》卷六十八，《学校七》，《书院一》，第 1—3 页。
⑤ 曾国荃、李元度等：《湖南通志》卷六十八，《学校七》，《书院一》，第 13—14 页。

书院。次年,他又以"是年薪水所馀百金,置湾洲义学"①,以推广理学基础教育。李续宜亦与曾国藩共同出资将胡林翼倡办的箴言书院最终建成,以理学陶铸益阳之士。左宗棠在陕甘总督任内的五年间(1869—1874),共督令地方官修复和新建书院19所。1874年(清同治十三年),甘州士子为左宗棠建立生祠,他坚决不允,改为南华书院。在与回民起义军交战之时,左宗棠仍不忘嘱咐藩司按时发放甘肃兰山书院膏火,并以自己的经验勉励诸生认真研修:"本爵大臣四十年前一贫士耳,然颇好读书。日有粗粝两盂,夜有灯油一盏,即思无负此光景。今年垂耳顺,一知半解都从此时得来,筋骨体肤都从此时练就。边方无奇书可借,惟就《四书》、《五经》及传注昼夕潜心咀嚼,便一生受用不尽。诸生勉旃。事平至兰州,当课诸生背诵也。可录此示监院,以晓诸生。"②这些恢复和新建书院、义学的措施,鼓舞了士气人心,有利于文教秩序的恢复。

除了兴复书院以外,他们还致力于恢复科举考试。1864年(清同治三年)湘军攻克南京后,曾国藩立即着手修复江南贡院,并于该年年底举行了停办多年的江南乡试,取士273名。一时间,"两江人士,闻风鼓舞,流亡旋归,商贾云集。"③蒋益澧护理浙江巡抚时,也在浙江全省"增书院膏火,建经生讲舍,设义学,兴善堂"④,并修复贡院,补行乡试。对于科举,一位外国记者曾经这样评价:"其重要程度可以这么说,我们可以将其称之为大清国政治体系和社会体系的核心。"⑤因此,恢复科

---

① 《罗忠节公年谱》卷上,第27页。
② 左宗棠:《崇藩司保禀遵札垫给书院膏火由》,《左宗棠全集·札件》,长沙:岳麓书社,1986年,第208页。
③ 黎庶昌:《曾国藩年谱》,第193—194页。
④ 赵尔巽等:《清史稿》卷四百八,列传一百九十五,第11968页。
⑤ 《令人恐怖的考试制度》(1875年7月6日),见郑曦原编《帝国的回忆:〈纽约时报〉晚清观察记》,北京:生活·读书·新知三联书店,2001年,第90页。

举考试实际上就是恢复统治秩序。

鉴于古籍图书在战乱中大量散佚的情况[1],胡林翼、曾国藩、左宗棠等人还在各地创办官书局。一般认为他们最先创办的官书局是湖北巡抚胡林翼在武昌开设的书局。据《胡林翼年谱》记载:1859年(清咸丰九年),胡林翼"纂《读史兵略》,自订体例,开局武昌,属门人汪士铎梅村总其事,独山莫友芝子偲、武昌张裕钊廉卿、长沙丁取忠果臣、张华理燮庵、汉阳胡兆春等分任编校。"[2] 除刊刻《读史兵略》外,武昌官书局还刻印了《练勇刍言》、《弟子箴言》、《水经注图》、《大清一统舆图》等书。不过,武昌官书局并无常设的组织机构、详细的章程条文和固定的经费来源,刊书范围比较狭窄,种类也有限,所以只是官书局的雏形。

同治时期,随着江南大部分地区被湘军收复,以及更多的湖湘理学群体成员出任地方督抚,他们建立了更多的官书局。1863年(清同治二年),曾国藩、曾国荃兄弟在安庆筹划开设书局,由曾氏兄弟自行捐资授梓,刊刻《船山遗书》。次年,即告成立。据《曾国藩年谱》载:

> (同治三年)四月初三日,设立书局,定刊书章程。江南、浙江自宋以来,为文学之邦,士绅家多藏书,其镂板甚精致,经兵燹后,书籍荡然。公招徕剞劂之工,在安庆设局,以次刊刻经史各种,延请绩学之士汪士铎、莫友芝、刘毓松、张文虎等分任校勘。[3]

---

[1] 近人祝文白曾记述道:"太平天国之乱,江、浙两省,如苏、松、常、镇、扬、杭、嘉、湖、宁、绍等旧府属先后沦陷,所有东南藏书,如常熟毛氏汲古阁、鄞县范氏天一阁、昆山徐氏传是楼、桐乡鲍氏知不足斋、阳湖孙氏平津馆、海宁吴氏拜经楼多有散失,尤以天一阁为甚。"(祝文白:《两千年来中国图书之厄运》,《东方杂志》1945年第19号。)

[2] 梅英杰:《胡林翼年谱》,见《湘军人物年谱》(一),第281页。

[3] 黎庶昌:《曾国藩年谱》,第183页。

未几,湘军攻克金陵,曾国藩移督两江,安庆书局也随即迁到金陵,初设在铁作坊,后来又移到冶城山飞霞阁,并更名为"金陵书局"。对于书局的各项事务,曾国藩十分关注,举凡筹措经费、厘定章程都十分重视,还曾经亲自校勘《船山遗书》。在重刊《王船山遗书》时,"国藩校阅者,《礼记章句》四十九卷,《张子正蒙注》九卷,《读通鉴论》三十卷,《宋论》十五卷,《四书》、《易》、《诗》、《春秋》诸经稗疏考异十四卷,订正讹脱百七十馀事。"① 不仅如此,曾国藩对刊刻工作也一直亲自过问,每卷付印前,他都要亲自校阅修改。

除胡林翼、曾国藩外,左宗棠对创设书局也十分热衷。1864(清同治三年),闽浙总督左宗棠在宁波创设书局。据陈其元《庸闲斋笔记》记载:"今各直省多设书局矣。而事则肇于左爵相,局则肇于宁波……爵相以乱后书籍板片多无存者,饬以此羡余刊刻四书五经。嗣杭城收复,复于省中设局办理,即以宁波之工匠从事焉。"② 1866年(清同治五年),左宗棠又在福州创设了正谊书局。左宗棠任陕甘总督期间,"关陇兵燹连年,弦诵久辍,坊间刻本绝少佳者。见因广立义学,各州县求书者纷纷而至,不得不购俗本应之,殊歉然也。盼鄂刻成,先印千本,庶资分布。纸用杭连未免太费,可择其价廉而坚韧者,色稍黯淡亦不妨耳。"③ 要求湖北崇文书局刊刻《六经》,用以支持陕甘地区的

---

① 曾国藩:《王船山遗书序》,《曾国藩全集·诗文》,第277页。
② 陈其元:《左爵相创设书局》,《庸闲斋笔记》卷三,扫叶山房石印本,第7页。
③ 左宗棠:《王道加敏禀刊刻<六经>即附崇文书局办理由》,《左宗棠全集·札件》,第248页。

书院和义学。①

对于晚清湖湘理学群体开设官书局，方宗诚曾有过一个总体介绍：

> 东南文字，尽毁于贼。胡文忠在湖北首开书局，刻《读史兵略》、《弟子箴言》。曾公在安庆开书局刻《王船山先生遗书》，在金陵刻《四书》、《十三经》、《史记》、《汉书》。吴仲宣漕督在淮上刻《小学》、《近思录》诸书；丁雨生中丞在苏州刻《通鉴》、《牧令》诸书；马谷山中丞在浙江刻钦定《七经》等书；左季高宫保在福建刻张仪封所编诸大儒名臣书；何小宋中丞在湖北刻《十三经》经典释文、《胡文忠公遗集》等书；吴竹庄方伯在安庆刻《乾坤正气集》及各忠节书；李少荃节相在金陵刻《名臣言行录》并朱批谕旨等书；丁稚黄中丞在山东亦开局刻《十三经》，皆有益世教也。②

可见，他们创办的书局整理出版了大量古籍文献，并刻印了一些具有实用价值的书籍，如算学、兵学、医学、农学相关书籍。不

---

① 据秦翰才记载，左宗棠颁发书籍"数目现在无可稽考。只知道对于安定县，发过《六经》十六部，《诗经》、《四书》、《孝经》、《小学》各二十六部。依此推算，全省六十多县，统计已不在少数。但后来各处有请求加发的，即如灵州各义学加发《小学》四十部；安定育英书院另发《六经》八部，《孝经》和《小学》各三十部，《四书》和《诗经》各六十部，别处必然还有。新疆方面，喀库善后局办成义塾四处，文襄公准发《诗经》和《四书》各二十部。依此推算，前面说过当时设立义塾共有五十七处，统计也不在少数。对于陕西，也曾发过图书，例如泾阳兴办义学四处，发给《六经》四十部。"（秦翰才：《左文襄公在西北》，第262页。）

② 方宗诚：《柏堂师友言行记》卷三，台北：文海出版社，1968年，第72—73页。郑观应也说："中兴将帅，每克复一省一郡，汲汲然设书局，复书院，建书楼。官价无多，尽人可购。故海内之士多有枕经葄史，博览群书，堪为世用者。"（郑观应：《盛世危言·藏书》，《郑观应集》上册，上海：上海人民出版社，1982年，第304页。）

过，出版书籍主要还是以各代理学家的著作为编刊的首选。为了使贫寒之士皆有能力购置局书，他们还往往要求官书局尽量降低成本。"少数珍藏秘笈，经它一来，便可人手一册了，通常'纸贵洛阳'的，经它一来，便'价均从廉'了。"① 一时间，《朱子全书》、《朱子语类》等理学著作大量出版，广为流传，从而有效地促进了晚清理学的复兴。

总的说来，晚清湖湘理学群体所采取的一切措施，无一不是以恢复传统秩序为准则。虽然这些措施最终没能真正挽救传统名教文化的危机，但是却在某种程度上稳定了晚清政局。因此，美国学者刘广京评价说："作为时代骄子的曾国藩、李鸿章及其同僚等前人确实成功地镇压了叛乱，恢复了王朝的地位，甚至重新振兴了王朝的治国精神，这可以说是事实俱在。"②

---

① 朱士嘉：《官书局书目汇编·引言》，中华图书馆1933年刊本，第2页。
② 费正清编：《剑桥中国晚清史》上卷，北京：中国社会科学出版社，1993年，第530页。

第五章　秩序重建的成功与失败

晚清湖湘理学群体所认同的理学资源，在道德层面上虽然强调心智的功能，在践履层面上却并非以心智的作用为基本行为前提，而是以经世目标为准绳和皈依。因此，他们最焦虑的是如何建立起合法的社会秩序，依据儒家的根本精神解决当时中国面临的文化问题、政治问题。在晚清湖湘理学群体看来，秩序重建的根本当然在于文化问题，但是不先建立一个相对完善和谐的社会政治环境，个人身心性命的完善就不可能。也就是说，秩序重建的切入点在于获取权力，"外王"为当务之急，"内圣"则可从缓。而晚清湖湘理学群体的秩序重建就是循着这一路径，凭借群体的有组织的活动，并由此活动凝聚为一种强制性的力量，以此强力推动理想的实现。

第一节　"同治天下"——理想与权力的互动

清咸同年间，晚清湖湘理学群体特别活跃于权力世界，使儒家的政治理想在特定的历史条件下得到了有限的落实。那么，究竟权力世界中发生了什么变化使他们的活跃成为可能？概而言之，是因为这个时期的社会出现了全面的危机。一般来说，在比较稳定的时期，维持现状的势力必然大于变革的要求。这些守旧势力因循敷衍，得过且过，将变革的势力屏除在权力中心之外，以维持一个表面上平静无事的政局。但是，当太平天国起义的烈火迅速从广西燃向全国时,预示着社会的危机再也遮掩不住。补偏救弊已经无济于事,时势的发展要求全面重建政治、文化秩序。旧的政治军事力量作为一个整体已经不堪依靠,清廷担心自己的政权被颠覆,在这种形势下,只能求助于具有深厚社会土壤的士绅集团的积极合作。于是,经世传统虽然久无用武之地但是仍然能够绵延不绝的湖湘理学士人就在这种历史条件下脱颖而出。而清廷为了顺应民心,重建文治秩序,也不得不乞援于他们。"同治"的年号,有同治天下的意思。也许最初制定此年号的时候,是两宫皇太后与恭亲王奕䜣同治的意思。但是后来却有着满人与汉人的同治,中央与地方的同治的意味。事实上,清代皇帝虽然尊奉程朱理学为科举功令,但是对于理学压抑君权的那一面一向非常警惕。乾隆帝就曾经驳斥北宋理学家程颐"天下之治乱系宰相"的论点说:"此只可就彼时朝政阘冗者而言,若以国家治乱专倚宰相,则为之君者,不几如木偶疏缀乎?且用宰相者,非人君,其谁为之?使为人君者,深居高处,以天下之治乱付之宰相,大不可也;使为宰相者,居然以天下之治乱为己任,目无其君,此尤大不可也。"① 对宰辅大臣的态度尚且如此,当然更无论普通士人了。但是,晚清统治者对于这些以天下为己任的湖湘理学士人就只能表现出容忍的雅量。② 湘军的兴起,正代表着国家的一些重要权力逐渐移向地方,转入汉人手中。对此,晚清统治者当然并不情愿,但是生死攸关,在认识到八旗与绿营已经腐败到不堪重用之后,虽然明知道汉人一旦握有兵权,

---

① 《清实录·高宗纯皇帝实录》卷一一二九,乾隆四十六年四月辛酉,北京:中华书局,1986年,第86页。

② 罗泽南有诗云:"忧世难忘天下事,放怀愿读十年书。"(罗泽南:《家居》,《罗山遗集》卷一,第4页。)王鑫说:"尔绅士均系读书人,亦知读书果何为乎?无非讲明义理,力体诸身而推以及人也。伊尹耕有莘,范文正公当秀才便以天下为己任,尔绅士独不能以一邑一乡为己任耶?"(王鑫:《团练说》,《王壮武公遗集》卷二十四,第21页。)可见,以天下为己任的观点,实际是湖湘理学士人的群体立场。

有可能给满人的统治带来潜在的威胁，仍然不得不做此痛苦的抉择。

清统治者被迫放权的过程是痛苦的，而晚清湖湘理学群体努力使自己的权力合法化的历程也是艰难的。曾国藩之初出山时，所凭借的仅是咸丰帝"帮同办理本省团练乡民搜查土匪诸事务"的旨意。也就是说，咸丰帝命令曾国藩办理的团练与其他各省的团练没有区别。曾国藩却将"团练"一词一分为二，声言自己不办保甲而专办练勇，以使自己创办湘军的做法合法化。这个解释，也只能使湘军处于半合法的地位，虽然得以存在，但是不免受到诸多排挤与轻视。一旦军事受挫，就立刻出现生存危机。清廷允许曾国藩建立湘军，只是为了利用湘军辅助国家经制之兵与太平军作战。因此当曾国藩坚持非船炮不齐绝不出省，并以"统筹全局"、"四省合防"为词时，立即受到咸丰帝的斥责。咸丰帝在上谕中说："今观汝奏，直以数省军务，一身克当，试问汝之才力能乎？否乎？平日漫自矜诩，以为无出己之右者，及至临事，果能尽符其言甚好，若稍涉张皇，岂不贻笑于天下。"① 可见，在湘军建立之初，隐然以政治主体自持的晚清湖湘理学群体已经具有明确的目标，那就是利用这一机会，扩大自己的权力，并且尽量使已经掌握的权力合法化，以便为秩序重建争取最大的可能性。而此时的清廷却似乎并没有明确意识到这一点，虽然某大学士"曾某以在籍绅士，非上素所令召，而一呼万人，此其志不在小"② 的进言，使多疑的咸丰帝对曾国藩心生疑窦，但是由于心存轻视，仍然将湘军当作一般团练对待。不过，随着湘军取得越来越多的胜利，而国家经制之兵却纷纷败绩，咸丰帝

---

① 曾国藩：《筹备水陆各勇赴皖会剿俟粤省解炮到楚乃可成行摺》（咸丰三年十一月二十六日）朱批，《曾国藩全集·奏稿》（一），第82页。

② 黎庶昌：《曾太傅毅勇侯别传》，《拙尊园丛稿》卷三，清光绪十六年（1890）刊本，第4页。

对湘军的印象不免产生些许变化。1854年（清咸丰四年）秋，湘军攻占湖北省城武昌，咸丰帝闻报大喜，当即任命曾国藩署理湖北巡抚。不料，某军机大臣"国藩以一书生出总师干，权力渐盛，不可不防"① 的一席话，不免勾起咸丰帝的心病，使他立刻收回了任命。这个时候的咸丰帝的态度是既希望湘军能征善战，又希望湘军处于依附地位，可以召之即来，挥之即去，以便最后平定太平天国时八旗、绿营收功。所以他非万不得已，是绝不肯让湘军领袖身兼军政大权的。江忠源虽然于1853年（清咸丰三年）被任命为安徽巡抚，但是安徽大部分属于太平天国统治区域，江忠源被任命为皖抚，实则是被置于最危险的境地，他整日奔忙于征战，不到一年即战死，又何谈身兼军政大权。直到1855年（清咸丰五年），清廷任命胡林翼署理湖北巡抚，才为湘军谋求地方军政大权打开了一个口子。

胡林翼抚鄂七年，与他同居武昌共同主政的一直是湖广总督官文。官文（1798—1871），字秀峰，王佳氏。满洲正白旗人。官文贪鄙庸劣，见识浅薄，所部军队战斗力极差，但因是满洲正白旗贵族而为咸丰帝所倚任。胡林翼抚鄂之初，"征兵调饷"②，官文每多掣肘。胡林翼具实申奏，得到的却是咸丰帝要求胡会同官文办理湖北军政的严旨，命令胡遇事必须与官文会奏，使胡林翼进一步认识到清廷不肯轻易让汉人掌权的实质。而幕僚阎敬铭的一番宏论正说到了胡林翼的心坎上。阎敬铭认为："湖北居天下冲，为劲兵良将所萃，朝廷岂肯不以亲信大臣临之？夫督抚相刽，无论未必能胜，就使获胜，能保后来者必胜前人邪！而公能复刽之邪……今用事者胸无成见，依人而行，况以使相而握兵符，又隶旗籍，为朝廷所倚仗，每有大事，可借其言以得所请。

---

① 章士钊：《热河密札疏证补》，《新建设》编《文史》第2辑，第94页脚注。
② 薛福成：《书益阳胡文忠公与辽阳官文恭交欢事》，《庸庵文编》卷四，第21页。

今彼于军事、饷事之大者,皆惟公言是听,其失衹在私费奢豪耳,然诚于天下大事有济,即岁捐十万金以供给之,未为失计……此等共事之人,正求之不可得者,公乃欲去之,何邪?"①于是,胡林翼改变策略,转而交欢官文,在公文中每列官文为首功,每月拨盐厘3000两相赠,还让自己的母亲认官文宠妾为义女,进而与官文兄弟相称。不过,胡林翼交欢官文,并非与官文同流合污,而是试图利用官文。而官文也深知在此战争环境,多少督抚因为不善带兵,或死于太平天国战事,或被朝廷罢职免官,于是也乐于依靠这个对自己恭敬备至的胡林翼。在官文看来,既然胡林翼满足了自己对声色货利的喜好,自己赞同胡林翼的诸项军政主张,也算是礼尚往来。于是,胡林翼乃在湖北大刀阔斧,厉行改革,以霹雳手段,严厉打击奸胥蠹吏、劣绅恶霸,同时更改章程,以地方士绅代替官吏办理川盐东下运销湖北等地监税、厘金。经过认真整顿,不仅澄清了吏治,筹集到了巨额军饷,并且在一定程度上减轻了中、小地主与农民的负担,相对稳定了湖北的统治,从而在同太平天国争夺长江中、下游地区时处于有利地位。这也再次验证了湖湘理学群体尽管在"义理"问题上持论极严,在政治问题上却有"从权"的一面。也就是说,为了实现理想,他们很可能采取道德上成问题的手段。这当然是一种政治策略,为的是化解目标与手段的紧张。但是,人非圣贤,政治与文化二元角色统系于一身的结果,使晚清湖湘理学群体在与权力网络发生交互作用的过程中,难免发生异化与演变,从而跌入被批判之目标所设置的概念陷阱。于是,在争取权力实现理想的过程中,他们既需要与权力世界作斗争,更需要时刻保持内心的戒慎恐惧。因此,"本可移入霸术一路"② 的胡林翼,

---

① 薛福成:《书益阳胡文忠公与辽官官文恭交欢事》,《庸庵文编》卷四,第24—25页。
② 曾国藩:《致李续宾李续宜》(咸丰八年七月十五日),《曾国藩全集·书信》(一),第664页。

虽然以善弄权术在官场上游刃有余，但在一般情况下，却是"有权术而不屑用，有才智而不自用"①，并时刻以"岁寒后凋，晚节自厉"② 勉励自己。这样一来，由于目标与手段的紧张，他们的内心世界自然难以平静。有人说曾国藩出办湘军之后，内心"时见和谐清明之象，时有矛盾挣扎之迹；时而刚毅坚忍，时而消沉颓唐；时而旷达恬淡，时而急功好名"③，这一评价移用于晚清湖湘理学群体的每一个成员恐怕都是十分贴切的。

谋求湖北军政大权只是晚清湖湘理学群体实现儒家理想的一个步骤，要把理想推向全国当然需要更大的权力。但是，除非迫不得已，清廷自然不会轻易放权。晚清湖湘理学群体能够取得多大的权力，实际上与太平天国给清廷带来的危机程度，以及清廷在解决此危机时对湘军依靠的程度密切相关。当胡林翼之初抚鄂时，清廷的危机感尚且不是十分强烈，因此如果不是胡林翼运用权术交欢官文，使清廷认为诸项改革措施多是官文的主张，相信晚清湖湘理学群体也很难以湖北为基地进一步发展势力。1857年（清咸丰七年），曾国藩借父丧之机向咸丰帝摊牌之时，清廷更以为太平天国行将覆灭，于是断然令曾国藩在籍守制，使曾国藩苦求一巡抚而不得，更面临着被清廷投闲置散甚至抛弃的命运。及至1860年（清咸丰十年），江南大营再次崩溃，杭州、常州、苏州相继落入太平军手中，太平天国基本控制了清朝最为富庶的江南地区，由此切断了清王朝赋税、漕粮的主要供应渠道。处于山穷水尽境地的清廷陷入两难选择：或者拘泥于不轻易

---

① 曾国藩：《加李续宜片》（咸丰八年八月十六日），《曾国藩全集·书信》（一），第673页。
② 胡林翼：《复阎敬铭》（咸丰十年十二月十一日），《胡林翼集》（二），第787页。
③ 王聿均：《从日记书札中探讨曾国藩之内心世界和自强思想》，《清季自强运动研讨会论文集》下册，台北中央研究院近代史研究所，1988年，第925页。王鑫也说自己："日来胸中绝少宁静之致"。（王鑫：《与成静斋茂才》（咸丰六年十一月二十一日），《王壮武公遗集》卷十二，第27页。）

授予汉人实权的旧制,自取灭亡;或者听任湘军集团壮大势力,利用他们度过亡国的危机。曾国藩正是在这种情况下被任命署理两江总督的,这也说明了清廷在两难境遇下的抉择。曾国藩的亲信幕僚赵烈文在追述这一段历史时曾说:"迨文宗末造,江左覆亡,始有督帅之授,受任危难之间。盖朝廷四顾无人,不得已而用之,非负扆真能简畀,当轴真能推举也。"① 一句"不得已而用之",将清廷无可奈何的心态描摹的淋漓尽致。而此前清廷对樊燮京控案的处理,历时一年,一波三折,则说明了清廷在局势尚不明朗时的矛盾与犹疑。不过,在太平天国百万大军的逼迫下,在舍湘军无其他劲旅可以依靠的情况下,清廷对汉人的疑忌即使再根深蒂固,也只能且顾眼前,容忍湘军领袖执掌地方的军政大权。

1861年(清咸丰十一年),以"北狩"为名而出逃在外的咸丰帝在热河避暑山庄烟波致爽殿去世,遗诏以年方6岁的儿子载淳继位,同时任命户部尚书肃顺、怡亲王载垣等8大臣为"赞襄政务王大臣",总摄朝政。经过一场惊心动魄的宫廷政变——辛酉政变(北京政变),形成了两宫皇太后与恭亲王奕䜣同治天下的局面。为了最大限度地发挥晚清湖湘理学群体的作用,清廷由被迫放权,到主动授予他们更大的权力。咸丰十一年十月,命两江总督曾国藩督办江、皖、赣、浙四省军务,巡抚、提、镇以下文武官员皆归其节制。十二月,任命左宗棠为浙江巡抚,李续宜为湖北巡抚,彭玉麟为兵部侍郎。同治元年正月,命曾国藩以两江总督协办大学士。八月,刘长佑补授两广总督。十二月,刘长佑调任直隶总督。同治二年三月,左宗棠升任闽浙总督,曾国荃补授浙江巡抚。四月,唐训方补授安徽巡抚。六月,郭嵩焘补授广东巡抚。七月,刘蓉补授陕西巡抚。同治三年五月,

---

① 赵烈文:《能静居日记》,同治三年四月八日。

杨载福补授陕甘总督。在短短的几年间，晚清湖湘理学群体的势力急剧膨胀，南至两广，北到直隶，东到两江，西至陕甘，很多地方都由湘人出任督抚。而这些督抚所握有的权力，又远远超过此前清代督抚的固有权力。依照清代旧制，总督主军政，但是除了自己的督标营之外，并不能越过提督直接干预营务；巡抚主民政，除了自己的抚标营外，也不能干预营务；布政使掌财政，直属户部；按察使掌司法、监察，直属刑部。国家遇有战事，"必特简经略大臣及参赞大臣，驰往督办，继乃有佩钦差大臣关防及号为会办、帮办者，皆王公亲要之臣，勋绩久著，呼应素灵。吏部助之用人，户部为拨巨饷，萃天下全力以经营之。总督、巡抚不过承号令、备策应而已，其去一督抚，犹拉枯朽也。故督抚皆奉命维谨，罔敢违异。"① 可见，军政大权都集于中央，地方大员各负其责，互不统属，谁都不能够自行其是，只能听命于中央。而咸同年间，特别是同治初年，大批湘军将领位任督抚，他们既主军，又主政，兵、政合一之势已成，再加上兵饷自筹，厘金完全由督抚支配，原本应该上交户部的地丁、漕折、关税、盐课等项银两也被督抚截留，大半充作军饷。这样，一省三宪——即巡抚、布政使、按察使鼎足而三的局面再也不复存在，原来直属户部的布政使、直属刑部的按察使都成了独掌地方军政大权的督抚的属员。薛福成曾评价说："自曾文正、胡文忠诸公乘时踔起，铲去文法，不主故常，渐为风气，各省自司道以下，罔不惟督抚令是听。于是，政权复归于一。"② 赵烈文也说："师（案：指曾国藩）历年辛苦，与贼战者不过十之三四，与世俗文法战者不啻十之五六。今师一胜而天下靡然从之，恐非数百年不能改

---

① 薛福成：《叙疆臣建树之基》，《庸庵海外文编》卷四，清光绪乙未（1886）刊本，第12页。
② 薛福成：《书编修吴观礼论时事书后》，《庸庵文续编》卷上，第40页。

此局面。"① 所谓"文法",也就是此前清廷为了防止中央权力流失、地方势力坐大所立下的种种规定。这些"文法"既被铲除,督抚专权的局面势将形成。

清廷当然不甘心中央权力的流失,因此,他们虽然明了晚清湖湘理学群体在重建社会秩序方面的功绩,一些满洲贵族也承认:"若辈皆百战功臣,若非湘淮军,我辈今日不知死所矣。"②但是,一旦太平天国起义被平定,清廷立即着手收回湘军集团手中的权力。据说,太平天国首都天京被攻破后,曾国藩得到的爵赏已经打了折扣。薛福成称:"曩闻粤寇之据金陵也,文宗显皇帝顾命,颇引为憾事,谓有能克复金陵者可封郡王。及曾文正公克金陵,廷议以文臣封王,似嫌太骤,且旧制所无。因析而为四,封侯、伯、子、男各一。"③ 所谓"析而为四"指的是,同治三年六月曾国藩、曾国荃、李臣典、萧孚泗分获一等侯、伯、子、男爵。此种笔记闲谈姑且不论,太平天国首都天京刚刚陷落,清廷就迫不及待地利用天京窖藏金银与幼天王下落问题打压曾国藩则是事实。在上谕中,清廷对晚清湖湘理学群体更提出严正警告,说:"曾国藩以儒臣从戎,历年最久,战功最多,自能慎终如始,永保勋名。惟所部诸将,自曾国荃以下,均应由该大臣随时申儆,勿使骤胜而骄,庶可长承恩眷。"④ 当真是字字暗藏杀机。

清廷对湘军集团的步步紧逼虽然是形诸于太平天国覆灭之后,实际上酝酿已久。晚清湖湘理学群体既以政治主体自持,思虑必早已及此。如何化解此种政治危机,恐怕也是他们一直所思

---

① 赵烈文:《能静居日记》,同治六年六月二十三日。
② 《满员没字碑之多》,见伍承乔编《清代吏治丛谈》卷四,台北:文海出版社,1966年,第799页。
③ 薛福成:《曾左二相封侯》,《庸庵笔记》卷二,第8页。
④ 赵烈文:《能静居日记》,同治三年七月二十一日。

考的问题。特别是进围天京以来,作为晚清湖湘理学群体领袖的曾国藩更是不得不为如何善后提早谋划。思忖再三,解决矛盾的办法只有一个,即"设法将权位二字推让少许,减去几成"①,以减轻清廷的疑忌,只有这样才可以收场。至于拥兵自立,推翻清朝,即使个别湖湘理学士人或许有此意见,也尚未演化成群体立场。② 因为他们并非一群试图雄霸天下的武夫,而是一群饱受儒家思想熏陶的理学士人。历史与现实的经验都告诉他们,要想建立一个新的政权,必须经过历史、传统以及民意的认可,才会具有充分的合理性与合法性,否则,即使侥幸建立起来,其权威亦不会得到人们心悦诚服的普遍认同,此政权亦将是一个随时处在崩溃边缘的脆弱的政权。而晚清湖湘理学群体所要争持的是道统,而非法统。当然,如果创立一个新的政权有助于捍卫道统,他们也不会完全排斥。但是如果创立一个新的政权风险性极大,可能会以道统沦亡为代价,他们毋宁采取一种比较稳妥的方式。那就是与清廷和睦相处,在清政权的统治下,推行自己所一贯追求的理想秩序。实际上,这也未尝不是出于保全身家性命的考虑。

因此,面对清廷的警告,晚清湖湘理学群体采取了迅速裁军的办法以消除清廷的疑忌。在不到一年的时间里,曾国藩麾下的5万余湘军大部分被裁撤,左宗棠麾下的4万湘军则因征讨太平天国余部得以留存。大批湘军被裁撤,使清廷多少放下心来。于是,清廷开始试图收回这些湘军将领手里的地方军政实权。同治五年正月、二月、八月,陕西巡抚刘蓉、广东巡抚郭嵩焘、陕甘

---

① 曾国藩:《致沅弟》(同治二年正月初七日),《曾国藩全集·家书》(二),第926页。
② 据野史记载,胡林翼曾以"东南半壁无主,我公其有意乎"示意曾国藩,左宗棠也曾以"神所凭依,将在德矣;鼎之轻重,似可问焉"向曾国藩试探。(萧一山:《清代通史》第3册,第779—780页。)不过,曾国藩的志向却是:"生世不能学夔皋,裁量帝载归甄陶。犹当下同郭与李,手提两京还天子。"(曾国藩:《题唐镜海先生二图·十月戎行图》,《曾国藩全集·诗文》,第45—46页。)

第五章　秩序重建的成功与失败　**175**

总督杨岳斌相继被迫去职。同治六年十月，曾国荃被免去湖北巡抚，着令回籍。十一月，直隶总督刘长佑被革职，着令回籍。然而国家战乱频仍，不得不依靠军队，八旗、绿营既然已经不堪任用，清廷就只能依靠左湘军以及后起的淮军。因此地方权力虽然从一些亲曾国藩的湘系人物中收了回来，却仍然不得不授予左宗棠一派的湘系人物以及淮系人物。比如广东巡抚一职就授予了左宗棠的亲信将领蒋益澧，陕甘总督则由左宗棠继任。也就是说，内轻外重的权力格局业已形成，中央与地方、满人与汉人同治天下的局面在短期内难以改变。这种局面，并非晚清湖湘理学群体或者清廷单方面造成的，而是他们交互作用的结果。正如艾森斯塔德（S. N. Eisenstsdt）所指出的："无论是在象征的，还是在结构的层次上，知识分子与掌权者之间的持续不断的紧张和矛盾的关系，总是围绕着这样的一个问题：当参与一种社会——政治秩序和文化秩序的时候，知识分子的参与和政治权势者的参与各自都具有什么样的性质、规模和相对自主性。而这种紧张、矛盾关系又是植根于他们持续不断的相互依存之中的。"[①]

然而这种同治天下的局面，却并非像晚清湖湘理学群体所最初设想的那样易于理想的实现。自出山之日起，他们就开始了大规模的重建秩序的实践。然而世界永远由理想和现实交织而成，由于受到现实的重重限制，秩序重建的实效好像不是十分显著。仅以他们用力最著的吏治改革为例，胡林翼抚鄂七年，经过一番大刀阔斧的改革，使湖北吏治得到了一定的改善。曾国藩赞扬胡林翼说："阁下数年来，屡定大难，将天下第一破烂之鄂，变成天下第一富强之省"[②]，胡林翼亦曾自诩："鄙人在楚，官吏尚不

[①] 转引自利普塞（S. M. Lipet）：《关于知识分子的类型及其政治角色》，《知识分子文丛之一》，沈阳：辽宁人民出版社，1989年，第3页。

[②] 曾国藩：《复胡林翼》（咸丰十年三月二十二日），《曾国藩全集·书信》（二），第1298页。

至十分贪诈。"① 然而,他们却不能不看到,单靠整顿一省吏治不可能扭转全国的吏治残局,更不可能根本改变清王朝江河日下之势。所以胡林翼在自诩之余也不禁悲叹:"天下事,成败利钝,早已了解于中矣……有一二几希之望,仍不如尽力干去。譬之大海遭风,已知万无可救,然苦无岛屿可望,行固不得活,不行亦必不得活也。"② 因此也只能抱着一种知其不可为而为之的坚忍精神。清王朝平定太平天国起义之后,一时间出现了令时人所欢欣鼓舞的"中兴"气象,"擒渠斩馘,区宇荡平,神州再造,较之《大雅》所称'筑齐城而征徐国',区区平淮溃一隅之乱者,其规模之广狭又不可以同日论。侧席求贤,豪俊辈出,中兴事业,甄殷陶周,盛矣哉!"③ 朝野上下人人为此兴奋不已,晚清湖湘理学群体似乎也在为争取到了一个更好的实现理想的环境而颇为振奋。然而在闽浙总督任内,左宗棠发现:"闽事败坏至极。所忧者不仅军政之不修、武事之不竞,而在民风之不正、吏治之日偷。自入闽以来,所见所闻无非八九年前各省泄沓颓败气象,纵此时无巨股阑入,亦必趋于危亡。盖人心日驰,人才日敝,浸浸乎纲隳纽散之虞,非一时所能整顿也。"④ 担任陕甘总督时,左宗棠也说:"臣自度陇以来,目睹地方凋敝,兵事、吏事颓靡不振,阘茸混迹,庸妄接踵,心以为忧。"⑤ 清王朝的一切,已是积重难返,单以吏治而言,晚清湖湘理学群体也已经回天乏力了。所以说,晚清湖湘理学群体虽然成功地阻止了太平天国问鼎中原,使清廷又维持了数十年的统治,然而他们既然无法在清政权的统治下成功重建一个更完美的政治秩序,也就不可能

---

① 胡林翼:《复武茨孙》(咸丰九年三月十三日),《胡林翼集》(二),第281页。
② 胡林翼:《致李元度》(咸丰九年正月二十五日),《胡林翼集》(二),第229页。
③ 陈弢:《同治中兴京外奏议约编·叙》,清光绪元年(1875)刊本。
④ 左宗棠:《与孝威》(同治四年),《左宗棠全集·诗文·家书》,第94页。
⑤ 左宗棠:《奏调吕耀斗吴大徵等来营片》(光绪三年十一月初五日),《左宗棠全集·奏稿》(六),第191页。

根本改变清王朝覆灭的定局。1867年（清同治六年）夏，曾国藩在一次闲谈中对幕僚赵烈文说："都中来信云，都门气象甚恶。明火执仗之案时出，而市肆乞丐成群，甚至妇女亦裸身无裤。民穷财尽，恐有异变，奈何？"赵烈文说："天下治安一统久矣，势必驯至分剖。然主威素重，风气未开，若非抽心一烂，则土崩瓦解之局不成。以烈度之，异日之祸必先根本颠仆，而后方州无主，人自为政，殆不出五十年矣。"曾"蹙额良久"说："然则当南迁乎？"赵说："恐遂陆沉，未必能效晋、宋也。"曾说："本朝君德正，或不至此。"赵说："君德正矣！而国势之隆，食报已不为不厚。国朝创业太易，诛戮太重，所以有天下者太巧。天道难知，善恶不相掩，后君之德泽未足恃也。"曾说："吾日夜望死，忧见宗祐之陨，吾辈得毋以为戏论？"赵说："如师身份，虽善谑，何至以此为戏！"① 势运难回，曾国藩固然为此痛不欲生，然而恐怕他最不想承认的是这种即将出现的"人自为政"的局面，也未尝不与晚清湖湘理学群体开始的内轻外重的政治格局相关。晚清湖湘理学群体虽然并不弄权，却为以后割据开启了方便之门，所以割据成了后来最突出的政治现象之一。清王朝的覆灭还导致了为帝制做辩护的儒学的衰落。当真是成也萧何，败也萧何。"中兴"与灭亡，就在一线之间。

第二节 文化政治视野下的晚清湖湘理学群体

"文化政治"，是广泛地散播在当代人文学科之中的一个关键词语。文化政治之所以在文化研究领域占有一个突出的位置，是因为它关系到每一个文化群体的自我定位、自我理解和自我主

---

① 赵烈文：《能静居日记》，同治六年六月二十日。

张，它敦促属于不同文化和"生活世界"的人为捍卫和改造自己的文化或"生活形式"而斗争。[①] 所谓文化政治，并非以文化为政治之附庸，而是视文化为社会政治制度架构之依据，它最直接地关涉到人的价值理念、道德意识和文化认同，即直接关涉到人类文化的深层价值。

"文化政治"的概念虽然兴起于西方，但是它所表达的内涵却绝非专属西方，而是人类应有之通义。对于晚清湖湘理学群体来说，他们的自我定位、自我理解和自我主张，都是十分明确的，那就是通过维护清王朝的统治，重建社会秩序，来维护传统文化价值，以回应西方文化在文化深层价值领域的挑战。从这个意义上说，文化的价值体系、社会秩序、清王朝是三位一体的。清楚这一点，晚清湖湘理学群体的成功与失败也就比较容易判明。

晚清湖湘理学群体生活的时代，正值中国刚刚被抛入"世界历史"的时间压力场。和缓的、温和的生活方式下潜伏的矛盾在急速运转的大机器面前被激化了。洪秀全评价时局说："世道乖漓，人心浇薄，所爱所憎，一出于私……世道人心至此，安得不相陵相夺相斗相杀而沦胥以亡乎？"[②] 这与我们在前面所论述的，晚清湖湘理学群体对时局的认识有着惊人的相似之处。然而，他们改造社会、变易风气的方案却截然相反。洪秀全吸收西方基督教的一些平等思想创立了拜上帝会，号召人们反对孔孟之道，打破旧秩序，建立无处不均匀、无人不饱暖的新社会；而晚清湖湘理学群体则以保卫孔孟之道和恢复传统文化固有的美德为拯救时局的良方。最终，太平天国失败了。当然，我们可以说太平天国是在中外统治者的联合绞杀下失败的，然而也未尝没有太

[①] 张旭东：《批评的踪迹》，北京：生活·读书·新知三联书店，2003年，第198页。
[②] 洪秀全：《原道醒世训》，见中国史学会编《太平天国》（一），上海：神州国光社，1952年，第91页。

平天国本身的原因。

太平天国起义从本质上看是一场传统的农民起义，然而与历代农民起义不同的是，它披上了拜上帝会的外衣。太平天国的文化宣言强调的是中国向皇上帝回归，而并非主张民族文化传统的复兴。1852年（清咸丰二年）太平天国出版的《天条书》中写道："皇上帝这条大路，考中国番国鉴史，当初几千年中国番国俱是同行这条大路，但西洋各番国行这条大路到底，中国行这条大路到秦汉以下则差入鬼路，致被阎罗妖所捉。故今皇上帝哀怜世人，大伸能手，救世人脱魔鬼之手，挽世人回头，复行转当初这条大路。"① 次年出版的《三字经》，更以三言诗的形式叙述了上帝创造中国，中国中邪魔堕入邪途，再受皇上帝明示，回归天朝的历史神话。太平天国从1853年（清咸丰三年）开始出版基督教《圣经》，在此后一年多的时间里连续出版了《旧约》六种，《新约》一种，并且规定，将出版物统一编目、盖印，只有盖有旨准印的"旧遗诏书"（旧约）、"新遗诏书"（新约）和"天命诏旨书"（洪秀全和经他批准的太平天国著作）三类书才准许阅读流传。基于此种宗教观，太平天国对儒、释、道三教大加挞伐，甚至不惜以野蛮的暴力手段进行毁坏，"凡一切孔孟诸子百家妖书邪说者尽行焚除，皆不准买卖藏读也，否则问罪也。"②"所陷之处，凡学宫正殿两庑木主亦俱毁弃殆尽，任意作践，或堆军火，或为马厩，江宁学宫则改为宰夫衙，以璧水圆桥之地为椎牛屠狗之场。"③ 于是天京城里出现了"搜得藏书论担挑，行过厕溷随手抛，抛之不及以火烧，烧之不及以水浇"④ 的

---

① 《天条书》，见中国近代史资料丛刊续编《太平天国》（一），桂林：广西师范大学出版社，2004年，第2页。
② 黄再兴：《诏书盖玺颁行论》，见中国史学会编《太平天国》（一），第313页。
③ 张德坚：《贼情汇纂》，见中国史学会编《太平天国》（三），第326—327页。
④ 《禁妖书》，见中国史学会编《太平天国》（四），第735页。

场面。太平天国的文化选择与实践,实际上开始了中国近代以来向西方寻求真理的救国道路。然而伴随着铁与火进入中国的基督教本来已经招致国人的痛恨,第一位华人牧师梁发就曾被马礼逊家中的中国工人斥为"卖国奸贼"。太平天国采取拜上帝会的形式,借用西方基督教的教义,自然会引起众多国人的不满;至于公然贬低"至圣先师"孔子,则更为一般士人所不容。尽管太平天国的排儒运动并不彻底,也无法彻底,因为他们本身就来自于儒家文化世界,但是因为排儒运动而在士林中引起的反感情绪却是巨大的。一些传统士人在诗中写道:"敢将孔、孟横称妖,经史文章尽日烧,灭绝圣贤心枉用,祖龙前鉴正非遥。"[①] 不仅如此,以农民为主体的下层民众也因为太平天国对祖先崇祀等民俗文化的猛烈抨击而产生疏离感。可见,太平天国在文化政治上的失策,无疑是自绝文化血脉与社会基础,不仅不利于争取人心,更易被对手说成是"变夏为夷"的罪魁祸首。正如梁启超所说:"洪秀全之失败,原因虽多,最重大的就是他拿那'四不像的天主教'做招牌。因为这是和国民心理最相反的。"[②] 更重要的是,任何文化都有民族性和延续性,其赖以存续的价值和理由不容简单地加以否定。传统文化作为历史文化心理的积淀,凝聚着中华民族深沉而悠久的价值取向。摧毁一切传统的粗暴行为,只会造成文化评判上的错乱。当然,面对中西文化交流的时代大潮,太平天国看到了本国文化的弊端,于是勇敢地做出了向西方学习的选择。诚然,任何民族的发展都离不开与其他民族的接触和文化交往,任何一种民族文化,如果不能主动地吸收外来文化的合理部分,必然会失去发展的潜力。然而,学习他者、借鉴他者是需要运用理性加以甄别选择的。历史证明,能救中国的

---

① 《山曲寄人题壁·禁孔孟书》,见太平天国历史博物馆编《太平天国史料丛编简辑》第6册,北京:中华书局,1963年,第386页。

② 梁启超:《中国近三百年学术史》,北京:东方出版社,1996年,第34页。

东西，只能在中国本身出问题的地方找到，不可能靠盲目模仿西方解决问题。

与太平天国两相对照，晚清湖湘理学群体的文化策略则具有更深厚的社会文化心理基础。面对本国社会文化的危机，面对西方的挑战，中国传统文化的叛逆者——太平天国选择了模仿西方，而又模仿得不伦不类。那么此时，恢复学统，进而规范统治秩序，重现中国传统文化辉煌，就成为当时社会对传统文化的承载者——士人的最急迫要求。然而，当时中国最大的江南学术共同体从一开始就没能承担起这一重任，以致被斥为琐碎无用，甚至被说成是祸乱之源。① 到1860年（清咸丰十年）前后，江南考据学更陷于停滞状态："学者们死了，著作佚散了，学校解散了，藏书楼毁掉了，江南学术共同体在太平天国的战火中消失了。形成一流学术的环境及图书馆都没有了。图书业空前凋敝，一度繁荣兴旺的出版业如今已所剩无几。此时此刻，江南一代学术精英已是烟消云散。"② 而晚清湖湘理学群体却自始就以文化政治主体自持，并以总揽全局的战略眼光，逐渐壮大起来，最终成为时代的引领者。

虽然我们现在看来，拜上帝会与西方基督教有着本质的区别，然而当时的国人却往往把二者等同划一。太平天国与晚清湖湘理学群体的对决也就成为本土化的西方文化与中国传统民族文

---

① 梁启超说："嘉道以还，积威日弛，人心已渐获解放，而当文恬武嬉之既极，稍有识者，咸知大乱之将至。追寻根原，归咎于学非所用，则最尊严之学阀，自不得不首当其冲。"（梁启超：《清代学术概论》，上海：上海古籍出版社，1998年，第71页。）孙鼎臣则称："天下之祸，始于士大夫学术之变，杨墨炽而诸侯横，老庄兴而氏戎人。今之言汉学者，战国之杨墨也，晋宋之老庄也。"（孙鼎臣：《论治》，见饶玉成编《皇朝经世文续编》卷一，《学术·原学》，清光绪壬午（1882）江右双峰书屋刊本，第25页。）

② 艾尔曼：《从理学到朴学》，南京：江苏人民出版社，1997年，第174页。梁启超也说："清学之发祥地及根据地，本在江浙；咸同之乱，江浙受祸最烈，文献荡然，后起者转徙流离，更无余裕以自振其业，而一时英拔之士，奋志事功，更不复以学问为重。"（梁启超：《清代学术概论》，第71页。）

化之间一场大规模的、只能诉诸于战争的文化交锋。所以，晚清湖湘理学群体的文化宣言——《讨粤匪檄》，一开始就指斥太平天国"窃外夷之绪，崇天主之教"①，把太平天国置于传统文化和国家民族的双重叛逆之上进行批判，并把镇压太平天国与恢复社会秩序、维护传统文化价值有机统一起来，号召人们反对太平天国。《讨粤匪檄》的这一攻击可谓正中太平天国的要害。从文化理论上讲，太平天国在文化交流与批判的过程中过于绝对化与片面化，自然会引起民族文化心理的激烈反应与本能抗拒。而晚清湖湘理学群体深悉此种文化心理，故而发布檄文，称："倘有血性男子，号召义旅，助我征剿者，本部堂引为心腹，酌给口粮；倘有抱道君子，痛天主教之横行中原，赫然奋怒，以卫吾道者，本部堂礼之幕府，待以宾师。"②动员社会中一切能够动员的力量，发挥传统文化中一切可能发挥的潜能与太平天国对抗。因此，晚清湖湘理学群体所创办的湘军，虽然只能算是半官方的地方民间武装，却因为打着卫道护统的旗帜，而师出有名，日益壮大。而湘军在与太平军的对决中所取得的胜利，则是晚清湖湘理学群体的文化内涵所蕴藏的能量在当时社会文化条件下的有力体现。

晚清湖湘理学群体为了消灭太平天国提出了《讨粤匪檄》，然而他们的抱负绝不仅限于此。在终结太平天国运动的同时，晚清湖湘理学群体在克服内忧外患的过程中，开启了一个新时代。首先，他们创办了湘军，开始了中国近代兵制的重大变革；③继

---

① 曾国藩：《讨粤匪檄》，《曾国藩全集·诗文》，第232页。
② 曾国藩：《讨粤匪檄》，《曾国藩全集·诗文》，第233页。
③ 湘军兴起以后，迅速显示出它比八旗、绿营兵制的优越，不但淮军悉仿湘军兵制，曾国藩在直隶练兵时亦奏请以湘军兵制编练练军，此后的新建陆军在营制、饷章等方面也仍然受湘军的影响。故罗尔纲说："有清一代的军制，咸丰前是绿营制度的时代，咸、同以至光绪甲午为湘军制度的时代，甲午战后为兴练新式陆军的时代，而论其转变，则以湘军为其枢纽。"（罗尔纲：《湘军兵志》，北京：中华书局，1984年，第208页。）

而,建立安庆内军械所和江南制造总局,开启了中国工业近代化的先河。从引进和仿造具有中性文化价值色彩的军械入手,这是世界文化交流中的共性。此时,日本的明治维新尚未开始,这说明由晚清湖湘理学群体真正启动的中国近代化运动起步是比较早的,只是后来的结果不尽如人意。更为可贵的是,晚清湖湘理学群体还意识到应当学习西方先进器物的根本所在,即基础的科技知识和学理知识,而且率先开始了这一方面的引进工作。最典型的工作是集结科技人才,促成了大规模的翻译西书活动,将西方先进的科技知识源源不断地输入中国。晚清湖湘理学群体之所以积极主动地进行此种活动,是因为他们远比当时的一般士大夫更清醒地认识到西方诸国科技的先进性。曾国藩就曾经明确指出:"西人学求实际。无论为士、为工、为兵,无不入塾读书,共明其理,习见其器,躬亲其事,各致其心思巧力,递相师授,期于月异而岁不同。"[①] 上述活动的逐步开展开始了中国教育、科技近代化的创举,并最终汇成了自强运动的时代大潮。这些行为看似与传统背离,实则正是为了发展传统。郭嵩焘曾说:"西洋之入中国,诚为天地一大变。其气机甚远,得其道而顺用之,亦足为中国之利。"[②] 因此,在引进西方科技文化的同时,他们特别注重守住中国传统文化的深层价值。即使以号称激进的郭嵩焘的洋务思想而言,它所依据的资源,几乎全是来自传统。郭嵩焘洋务思想的基本观念是"理"、"势"、"情"、"几",明显受到王夫之"理势统一"论的影响。正如美国学者芮玛丽所说,他们的"目的在于保存太平天国和鸦片战争前中国社会的儒教的、

[①] 《同治十年七月十九日大学士两江总督曾国藩等奏》,见中国史学会编《洋务运动》(二),上海:上海人民出版社,1957年,第154页。
[②] 郭嵩焘:《复李次青》,《郭嵩焘诗文集》,第225页。

理性主义的、士绅的和非封建性的世系"①,"目标是复兴儒家价值观念及其制度。"②

从整个中国近代化开始的历史过程来看,中国近代化是在大部分国人的观念还根本不具备近代化意识的条件下启动的。那么,在这种情况下,分清什么是近代,什么是西方,守住中国文化的深层价值就显得格外重要。也许晚清湖湘理学群体将中国传统文化的深层价值仅仅界定为纲常伦理是狭隘的,但是,最起码他们在思考什么是中国,什么是中国人。否则,中国即使成为一个近代(modern)国家,但是如果只知道近代(modern),而不知道中国,这将是很可悲的事情,也是一种本末倒置。从这个意义上来说,晚清湖湘理学群体虽然不知道文化政治这个词汇,但是,他们具有一个民族、一个生活世界的最根本的自我意识。自强运动,就是基于此种理念得以发轫的。

自强运动有一个明显的背景,那就是此时的中国正处于西方列强的重重包围之下。于是如何处理与西方列强的关系就成为一个关乎自强运动成败的重要问题。对于这一问题,晚清湖湘理学群体的基本观点是"外须和戎、内须变法"。提及"和戎",这一点颇遭后人非议,其实这种对外方针只是近代中国处于帝国主义时代的弱势地位时的无奈选择。实际上,在晚清湖湘理学群体的思想内部,"和戎"和"制夷"始终是并存的,"和戎"并不等同于卖国。如曾国藩说:"在今日,中国多事,洋人方张,我不能因曲徇而和议而不顾内地生民之困。"③ 郭嵩焘更进一步主张"循理外交",就是在国力远弱于西方各国之时,以谈判代替

---

① 芮玛丽:《同治中兴——中国保守主义的最后抵抗》,北京:中国社会科学出版社,2002年,第1页。
② 芮玛丽:《同治中兴——中国保守主义的最后抵抗》,第80页。
③ 曾国藩:《遵旨预筹与外国修约事宜密陈愚见以备采择摺》(同治六年十一月十五日),《曾国藩全集·奏稿》(九),长沙:岳麓书社,1994年,第5787页。

战争,"循理而胜,保无后患,循理而败,亦不至于有悔。"① 然而西方资本主义列强是绝对不会坐看中华民族的自立和自强的,郭嵩焘所说的循理外交也是不能解决根本问题的。因为世界法则是由西方列强所建构的,在别人制定的游戏规则中又谈何维护自己的利益呢?正是由于面临"落后就要挨打"的局面,所以晚清湖湘理学群体思想体系中向西方学习的部分多为后世所认可。因为当时的历史环境决定了中国的当务之急就是建立近代化的军事、工业体系。而晚清湖湘理学群体对"中体"的维护则每被后人所诟病,以为正是固守中国传统文化的深层价值,引进西学仅及于器物,才造成了中国近代化的迟缓,以致被日本后来居上。于是,自此以后,中国向西方学习的深度与广度都日益扩展,梁启超在《五十年中国进化概论》中曾列举了中国从器物到制度再到文化的向西方学习的过程:"第一期,先从器物上感觉不足。这种感觉,从鸦片战争后渐渐发动,到同治年间借了外国兵来平内乱,于是曾国藩、李鸿章一班人,很觉得外国的船坚炮利,确是我们所不及,对于这方面的事项,觉得有舍己从人的必要,于是福建船政学堂、上海制造局等等渐次设立起来……第二期,是从制度上感觉不足。自从和日本打了一个败仗下来,国内有心人,真像睡梦中着了一个霹雳,因想道堂堂中国为什么衰败到这田地,都为的是政制不良,所以拿'变法维新'做一面大旗,在社会上开始运动……第三期,便是从文化根本上感觉不足……革命成功将近十年,所希望的件件都落空,渐渐有点废然思返,觉得社会文化是整套的,要拿旧心理运用新制度,决计不可能,渐渐要求全人格的觉悟。"② 梁启超对中国向西方学习过程的分析固然失之于过于强调线性变迁结构,历史的真实发展可

---

① 郭嵩焘:《玉池老人自叙》,第 8 页。
② 梁启超:《五十年中国进化概论》,《饮冰室合集》第 39 卷,北京:中华书局,1989 年,第 43—45 页。

能未必如此整齐划一，然而从文化观上来说，却的确有越来越多的中国人认为有一种文明的主流，中国只要融入进去就会越来越进步，越来越强大。保持文化自主性的问题不是没有人再去思考，但是往往被斥责为狭隘，或者不切实际。也许，任何时代都有其需要解决的首要问题，在当时的历史条件下，中国为了解决生死存亡的问题，不得不有所取舍。那么，时至今日，国家的独立，民族的解放，这些问题已经得到解决，我们的关注点就应该有所变化。回想过去的一二百年来，在我们的历史记忆中，在学术、思想和文化的积累中，我们应该可以发现晚清湖湘理学群体的文化观所蕴含的基本文化内涵，是有其正面的积极的经验的。正如钱穆所指出的：“一个国家，绝非可以一切舍弃其原来历史文化、政教渊源，而空言改革所能济事。则当时除却'中学为体，西学为用'，亦更无比此更好的意见。"① 现代中国如果不只是要作为一个经济实体存在，而要作为一个生活世界和价值世界存在下去，就必须保持文化的自主性。当然，要做到这一点，我们不能像晚清理学群体那样仅仅守住自己的领地，还要参与到界定普遍性文化和价值观念的斗争中来。西方文化之所以现在被当作文化本身，正是由于它在不断地自我认识、自我界定、自我批判和自我超越的过程中，把解决社会文化危机建立在延续传统的基础之上，并刻意以自身为标准重新制定了世界的新秩序，而且称之为"普遍性"。我们这一代人，如果不有意识地参与界定"普遍性"的新的含义，就是放弃为自己的文化和生活世界的正当性作辩护。中国就将一直"西化"，却美其名曰"国际化"、"全球化"，而这种"国际化"却无法与我们的价值的、伦理的、日常生活世界的连续性对接上。因此，只要我们还期待中国有属于自己的更美好的未来，我们就必须在界定普遍性文化和价值观

---

① 钱穆：《国史大纲》下册，北京：商务印书馆，1994年，第900页。

念的斗争中注入属于我们的元素。这些事情也许是晚清湖湘理学群体无法完成的,因为那时的条件还远远没有成熟,却是我们可以开始着手做的。

参考文献

一、文献资料

王云五编：《道咸同光四朝奏议》，台北：台湾商务印书馆。

《清实录·穆宗皇帝实录》，北京：中华书局，1986年。

李棠阶：《李文清公遗书》，清光绪八年（1882）河北道署刊本。

《十朝圣训》，清光绪年间石印本。

方濬师：《蕉轩随录续录》，北京：中华书局，1995年。

吴廷栋：《拙修集》，清同治十年（1871）六安求我斋刊本。

倭仁：《倭文端公遗书》，清光绪元年（1875）六安求我斋刊本。

孙奇逢：《理学宗传》，清光绪六年（1880）浙江书局刻本。

刘廷诏：《理学宗传辨正》，清同治十一年（1872）六安求我斋刊本。

苏源生：《大学臆说》，清咸丰十一年（1861）明德堂藏版，第1—2页。

朱有瓛编：《中国近代学制史料》，上海：华东师范大学出版社，1983年。

饶玉成编：《皇朝经世文续编》，清光绪壬午（1882）江右双峰书屋刊本。

中国第一历史档案馆藏：《军机处录副奏折·文教类》，同治朝。

范晔：《后汉书》，上海：上海古籍出版社 上海书店，1986年。

参考文献

司马迁：《史记》，上海：上海古籍出版社 上海书店，1986年。

魏征等：《隋书》，上海：上海古籍出版社 上海书店，1986年。

杜佑：《通典》，北京：中华书局，1984年。

钟崇文：《岳州府志》，上海：上海古籍书店，1963年。

杨佩修、刘黻纂：《衡州府志》，上海：上海古籍书店，1963年。

刘师培：《刘申叔遗书》，南京：江苏古籍出版社，1997年。

胡宏：《胡宏集》，北京：中华书局，1987年。

张栻：《张南轩先生文集》，上海：商务印书馆，民国26年（1937）。

黄宗羲著，全祖望补修：《宋元学案》，北京：中华书局，1986年。

湖南省文献委员会编：《湖南文献汇编》第2辑，湖南省文献委员会，1949年。

罗汝怀：《绿漪草堂文集》，清光绪九年（1883）刊本。

陈谷嘉、邓洪波编：《中国书院史资料》，杭州：浙江教育出版社，1998年。

余正焕编：《城南书院志》，清道光八年（1828）刊本。

赵宁编：《岳麓书院志》，清咸丰辛酉（1861）重刊本。

王禹偁：《小畜集》，台北：台湾商务印书馆，1979年。

罗汝怀编：《湖南文征》，清同治八年（1869）刊本。

曾国荃、李元度纂：《湖南通志》，清光绪十一年（1885）重刊本。

徐棻：《鹿鸣雅咏》，清光绪乙未（1895）绿荫草堂刊本。

周在炽编：《玉潭书院志》，清乾隆三十二年（1767）刊本。

《澧陵县志》，1949年刊本。

真德秀：《真文忠公读书记》，清同治二年（1863）重刊本。
朱熹：《朱熹集》，成都：四川教育出版社，1996年。
皮锡瑞：《师复堂未刊日记》，《湖南历史资料》1959年第1期，长沙：湖南人民出版社。
刘献庭：《广阳杂记》，北京：中华书局，1957年。
王闿运：《湘绮楼文集》，清庚子（1908）·丞阳刊本。
张集馨：《道咸宦海见闻录》，北京：中华书局，1981年。
薛福成：《庸庵笔记》，南京：江苏人民出版社，1983年。
曾国藩：《曾国藩全集》，长沙：岳麓书社，1985—1994年。
曾纪泽：《曾纪泽遗集》，长沙：岳麓书社，1983年。
黎庶昌：《曾国藩年谱》，长沙：岳麓书社，1986年。
齐德五修、黄楷盛纂：《湘乡县志》，清同治十三年（1874）刊本。
刘蓉：《养晦堂诗集》，清光绪丁丑（1877）思贤讲舍刊本。
刘蓉：《养晦堂文集》，清光绪丁丑（1877）思贤讲舍刊本。
罗泽南：《罗山遗集》，清同治二年（1863）长沙刊本。
郭嵩焘：《郭嵩焘诗文集》，长沙：岳麓书社，1984年。
《罗忠节公年谱》，清同治二年（1863）长沙刊本。
郭嵩焘：《湘阴郭氏家谱》，清咸丰七年（1857）储芳堂刊本。
郭嵩焘：《湘阴县图志》，清光绪六年（1880）县志局刊本。
郭嵩焘：《玉池老人自叙》，清光绪十九年（1893）养知书屋刊本。
胡林翼：《胡林翼集》，长沙：岳麓书社，1999年。
欧阳兆熊、金安清：《水窗春呓》，北京：中华书局，1984年。
左宗棠：《左宗棠全集》，长沙：岳麓书社，1987—1996年。
朱孔彰：《中兴将帅别传》，长沙：岳麓书社，1989年。

徐凌霄、徐一士：《曾胡谈荟》，《国闻周报》第6卷，第27期。

梅英杰等：《湘军人物年谱》（一），长沙：岳麓书社，1987年。

张佩伦：《涧于日记》，丰润涧于草堂石印本。

徐宗亮：《归庐谈往录》，清光绪十二年（1886）刊本。

贺熙龄：《寒香馆文钞》，清道光二十八年（1848）刊本。

罗正均：《左宗棠年谱》，长沙：岳麓书社，1982年。

魏源：《魏源集》，北京：中华书局，1983年。

唐鉴：《唐确慎公集》，上海：中华书局，民国13年（1924）。

赵尔巽等：《清史稿》，北京：中华书局，1977年。

中国史学会编：《鸦片战争》，上海：神州国光社，1954年。

江忠源：《江忠烈公遗集》，清同治癸酉（1873）刊本。

王鑫：《王壮武公遗集》，清光绪十八年（1892）刊本。

姚永朴：《旧闻随笔》，清光绪二十一年（1895）刊本。

《杨氏文升公房谱》，娄底市娄星区1997年刊印。

陈继聪：《忠义纪闻录》，清光绪壬午（1882）刊本。

赵烈文：《能静居日记》，台北：台湾学生书局，1964年。

薛福成：《庸庵文续编》，清光绪乙丑（1889）刊本。

王闿运、郭振墉、朱德裳：《湘军志·湘军志平议·续湘军志》，长沙：岳麓书社，1983年。

曾宝荪：《曾宝荪回忆录》，长沙：岳麓书社，1986年。

郭嵩焘：《郭嵩焘日记》，长沙：湖南人民出版社，1981年。

王钟翰点校：《清史列传》，北京：中华书局，1987年。

李续宾：《李忠武公书牍》，清光绪十七年（1891）瓯江巡署刊本。

薛福成：《庸庵文编》，清光绪丁亥（1908）刊本。

胡林翼：《胡林翼未刊往来函稿》，长沙：岳麓书社，1989年。

宗稷辰：《躬耻斋文钞》，清咸丰元年（1851）越砚山馆刊本。

毛鸿宾：《毛尚书奏稿》，清宣统二年（1910）刊本。

潘祖荫：《潘文勤公（伯寅）奏疏》，台北：台湾文海出版社，1969年。

左宗棠：《左宗棠未刊书牍》，长沙：岳麓书社，1989年。

贺瑞麟：《清麓文集》，清光绪己亥（1899）刘传经堂刊本。

罗泽南：《人极衍义》，清咸丰九年（1859）长沙刊本。

李翰章编：《足本曾文正公全集》，长春：吉林人民出版社，1995年。

罗泽南：《读孟子札记》，清咸丰九年（1859）长沙刊本。

陈弢：《同治中兴京外奏议约编》，清光绪元年（1875）刊本。

陈其元：《庸闲斋笔记》，扫叶山房石印本。

方宗诚：《柏堂师友言行记》，台北：文海出版社，1968年。

郑观应：《郑观应集》，上海：上海人民出版社，1982年。

朱士嘉：《官书局书目汇编》，中华图书馆1933年刊本。

《清实录·高宗纯皇帝实录》，北京：中华书局，1986年。

黎庶昌：《拙尊园丛稿》，清光绪十六年（1890）刊本。

薛福成：《庸庵海外文编》，清光绪乙未（1886）刊本。

伍承乔编：《清代吏治丛谈》，台北：文海出版社，1966年。

中国史学会编：《太平天国》，上海：神州国光社，1952年。

中国近代史资料丛刊续编：《太平天国》，桂林：广西师范大学出版社，2004年。

太平天国历史博物馆编：《太平天国史料丛编简辑》，北京：中华书局，1963年。

中国史学会编：《洋务运动》，上海：上海人民出版社，1957年。

梁启超：《饮冰室合集》，北京：中华书局，1989年。

二、研究论著

钱基博、李肖聃：《近百年湖南学风·湘学略》，长沙：岳麓书社，1985年。

钱穆：《中国近三百年学术史》，北京：商务印书馆，1997年。

钱穆：《中国学术思想史论丛》，台北：东大图书公司，1980年。

朱东安：《曾国藩集团与晚清政局》，北京：华文出版社，2003年。

陶用舒：《近代湖南人才群体研究》，长沙：岳麓书社，2000年。

杨念群：《儒学地域化的近代形态——三大知识群体互动的比较研究》，北京：生活·读书·新知三联书店，1997年。

冯友兰：《中国哲学史》，北京：中华书局，1961年。

梁启超：《中国近三百年学术史》，北京：东方出版社，1996年。

王益厓：《中国地理》，台北：国立编译馆，1961年。

Ping-Ti Ho, Studies on the Population of China, 1368—1953, Cambridge: Harvard University Press, 1959.

Clifford Geertz, Interpretation of Cultures, New York, 1973.

Bourdieu, P. and Passeron, J. C. Reproduction in Education, Culture and Society, London: Sage, 1990.

丹尼尔·贝尔：《资本主义文化矛盾》，北京：生活·读书·新知三联书店，1989年。

Alexander Woodside, "State, Scholars, and Orthodoxy -The Ch´ing Academies, 1736—1839", in: Kwang-Ching Lin Edited: Orthodoxy in late Imperial China, University of California Press, 1990.

Abercrombie, N., Hill, S. and Turner, B. S. The Dominant Ideology Thesis, London: Allen & Unwin, 1980.

Pierre Bourdieu, Language and Symbolic Power, Cambridge Mass; Harvard University Press,1991.

Pierre Bourdieu, Outline of a Theory of Practice, Cambridge: Cambridge University Press, 1977.

Edward Shils: "Ideology" in: The Intellectuals and the powers and other Essays, University of Chicago press, 1972.

韦政通:《中国十九世纪思想史》,台北:东大图书公司,1991年。

郭廷以:《郭嵩焘先生年谱》,台北:中央研究院近代史研究所,1971年。

萧一山:《清代通史》,北京:中华书局,1986年。

陆宝千:《刘蓉年谱》,台北:中央研究院近代史研究所,1979年。

蒋维乔:《中国近三百年哲学史》,台北:中华书局,1978年。

A·W·恒慕义主编:《清代名人传略》,西宁:青海人民出版社,1995年。

A. W. Hummel, ed. Eminest Chinese of the Ch´ing Period 1644—1912, Washington: Government Printing Office, 1943—1944.

贺麟:《五十年来的中国哲学》,沈阳:辽宁教育出版社,1989年。

秦翰才:《左文襄公在西北》,长沙:岳麓书社,1984年。

蔡冠洛:《清代七百名人传》,北京:中国书店,1984年。

费行简：《近代名人小传》，台北：明文书局，1985年。

郑曦原编：《帝国的回忆：<纽约时报>晚清观察记》，北京：生活·读书·新知三联书店，2001年。

费正清编：《剑桥中国晚清史》，北京：中国社会科学出版社，1993年。

利普塞（S. M. Lipet）：《关于知识分子的类型及其政治角色》，《知识分子文丛之一》，沈阳：辽宁人民出版社，1989年。

张旭东：《批评的踪迹》，北京：生活·读书·新知三联书店，2003年。

梁启超：《清代学术概论》，上海：上海古籍出版社，1998年。

罗尔纲：《湘军兵志》，北京：中华书局，1984年。

芮玛丽：《同治中兴——中国保守主义的最后抵抗》，北京：中国社会科学出版社，2002年。

钱穆：《国史大纲》，北京：商务印书馆，1994年。

熊吕茂：《近年来曾国藩研究综述》，《湖南文理学院学报》（社会科学版）2004年第1期。

王澧华：《似花还似非花——曾国藩文献与曾国藩研究》，《湘潭大学社会科学学报》1999年第4期。

成晓军：《近十年来曾国藩洋务思想和洋务活动研究概述》，《江海学刊》1995年第5期。

汪长柱：《全国左宗棠研究学术讨论会在长沙召开》，《湖南师范大学教育科学学报》1986年第1期。

刘泱泱：《左宗棠研究述评》，《求索》1986年第2期。

王丽：《近五年来郭嵩焘外交思想研究概论》，《船山学刊》2006年第1期。

黄林：《百余年来郭嵩焘研究之回顾》，《湖南师范大学社会科学学报》1999年第2期。

王尔敏：《胡林翼之志节才略及其对于湘军之维系》，《中央研究院近代史研究所集刊》（台北）第7期，1978年6月。

岑洪：《近二十年胡林翼研究综述》，《贵州文史丛刊》2003年第3期。

陆宝千：《论罗泽南的经世思想》，《中央研究院近代史研究所集刊》（台北）第15期下册，1986年12月。

陆宝千：《刘蓉论——清代理学家经世之实例》，《中央研究院近代史研究所集刊》（台北）第3期下册，1972年12月。

王尔敏：《湘军军系的形成及其维系》，《中央研究院近代史研究所集刊》（台北）第8期，1979年10月。

李国祁：《道咸时期我国的经世致用思想》，《中央研究院近代史研究所集刊》（台北）第15期下册，1986年12月。

R. V. 戴福士：《中国历史类型：一种螺旋理论》，《走向未来》第2卷第1期，1987年3月。

张朋园：《近代湖南人性格试释》，《中央研究院近代史研究所集刊》（台北）第6期，1977年6月。

陈增敏、刘海晏：《湘鄂旅行见闻录》，《地学杂志》，民国22年（1933）第2期。

谭其骧：《中国内地移民史——湖南篇》，《史学年报》第1卷第4期，民国21年（1932）6月。

李国祁：《由左宗棠的事功论其经世思想》，《中央研究院近代史研究所集刊》（台北）第15期下册，1986年12月。

李得贤：《记湘军名将李续宾》，《文史杂志》第4卷第3、4期合刊，民国33年（1944）8月。

祝文白：《两千年来中国图书之厄运》，《东方杂志》1945年第19号。

章士钊：《热河密札疏证补》，《新建设》编《文史》第2辑。

后　记

　　本书是在作者博士后研究报告的基础上修订完善而成的。

　　2000年9月，我进入北京师范大学历史系攻读博士学位，在导师史革新教授的指导下，撰写了博士学位论文《罗泽南理学思想研究》，开始踏入晚清理学研究的领域。2004年9月，在成崇德、朱诚如、杨念群诸位先生的首肯下，我得到国家清史编纂委员会提供的研究基金，进入中国人民大学清史研究所博士后流动站，跟随杨念群教授从事博士后研究工作，研究清咸同年间的湖湘理学群体。可以说，本书从框架的设计，到观点的提炼，无不倾注着恩师的心血。

　　此外，在我治学的道路上，北京师范大学历史系的龚书铎、郑师渠、王开玺、李帆、王东平、张昭军诸位先生，清华大学历史系的刘桂生先生，中国社会科学院近代史所的郑大华先生，中国人民大学清史研究所以及国家清史编纂委员会的黄兴涛、黄爱平、李尚英、夏明方、何瑜、祁美琴、刘凤云、刘文鹏诸位先生，也给予我很多教诲和鼓励。他们在许多问题上的精辟见解，使我得到很多启示，令我受益匪浅。

　　2006年7月，我进入中央民族大学历史系任教，得到历史系各位老师的指点和帮助。在历史系主任苍铭教授的关心和鼓励下，在科研处处长余梓东教授和学科规划与重点项目建设办公室主任朱雄全教授的大力支持下，本书获得了中央民族大学科研基金的资助，得以正式出版。在本书即将付梓之际，谨在此向他们致以衷心的感谢。

　　最后，我还要感谢的是中央民族大学出版社编辑部主任黄修义先生，他对本书编审所付出的辛劳，为本书增色不少。

由于作者学力所限，书中多有疏漏和不当之处，之所以勇于出版，主要是借此对过去的学习和研究工作作一阶段性的小结。因此，我诚心希望学界前辈和同仁提出批评意见，以待来日补阙修正。

张晨怡
2007 年 4 月